勉強の結果は「机に向かう前」に決まる

池田 潤

サンマーク文庫

文庫化にあたって

本書は2013年8月に刊行された『勉強の結果は「机に向かう前」に決まる』の文庫版になります。

この本でお伝えするのは、勉強で結果を出すための考え方であり、勉強に対する高い意欲とエネルギーを生み出す具体的な方法です。

勉強で結果を出すとは多くの場合、試験で結果を出すことに他なりません。

試験は大抵、一発勝負。1回の試験で合格最低点を超える必要があります。

ただ、近年、大学受験でも試験の内容に変化があるなど、「過去問を解いていれば大丈夫」なものではなくなっている印象があります。そのとき大事なのは、本書で書かせていただいた「形式ではなく実質」「抽象化」を意識しながらの勉強です。

形だけの暗記ではなく、本質を理解し、どのような形式の問題であっても対応できる力をつけること。そうすれば、問題内容の変更にも対応することができます。逆に、「形式的な勉強」「抽象化ができていない」「実は単なる暗記になっていた」という勉強法である場合、変化に対応できず、慌ててしまい、試験本番で力を発揮しきることは難しいでしょう。

私自身、元々は要領の悪い勉強に終始していました。とにかく量はこなすのだけど、単なる浅い暗記であり、少し問題の形式が変わると途端にパニック。ほんの少し問題に変化を加えられただけで対応できなくなる「偽物の力」を積み重ねてしまっていました。

しかし、勉強する際の意識を変えて、「本当に理解しているか?」「説明できるか?」「人に質問されて答えられるか?」「人に教えられるか?」などと自分に問いかけながら問題を解き理解していくことで、格段に理解力・応用力がアップしました。

変えたのは「意識」です。机に向かって勉強に取りかかる前に、理解の基準を高める質問をして、形式的な勉強にならないよう意識を変えるだけで、勉強している内容は同じでも質が向上。結果、1つの問題から10を学ぶように、応用力のある力が身についたのです。

机に向かう前の意識を変えてから成績はグングン向上し、京都大学法学部に合格できました。当時、周りの人には本当に驚かれ、自分でも夢ではないかと思いました。そんな夢のような結果を勉強において出す方法を本書ではご紹介しています。

私自身、現在は受験業界で働いておらず、受験プログラムも行っていません。単行本を出版した当時とは状況が違っているのですが、内容の分かりやすさや読みやすさを重視し、あえてそのままにしてあります。現在はコーチ、メンタルトレーナーとして活動をしていて、クライアントの目標達成のサポート、メンタル状態向上によるパフォーマンスアップをするトレーニングを提供しています。

どんな分野であれ目標達成するには「自己理解を深めること」が大切になります。自分の願望は何なのか。心からの喜びは何か。自分が集中しやすい環境、時間帯はいつなのか。運動はどのタイミングでして、何をすることが心の状態を上げるのか。自分に対する理解が深まれば深まるほどパフォーマンスは上がり、勉強の結果につながります。

学生以外の方からも、「社会人になってからの学びに活かせた」「勉強する前の目標設定に役立ち、自分を見つめ直し向き合うきっかけになった」といった声をいただいています。

本書では、勉強に取り組む全ての方に向けて、望む結果を出す「考え方」、自己理解が深まり高いエネルギーが湧いてくる「方法」をお伝えしていきます。

はじめに

「志望校に合格したい！」

「憧れのあの会社で働くために、英語が話せるようになりたい！」

「スキルを磨いて給料アップしたい！」

「資格を取って、専門家として働きたい！」


この本を手に取っていただいてありがとうございます。

本書を手に取ってくれたあなたは、おそらく今何らかの形で勉強をしていて、のどから手が出るほど結果を出したいと思っているのではないかと思います。

けれど、勉強しているのに結果が出ない。

こんな風に悩んではいませんか？

勉強していないわけではなくて、勉強にきちんと時間はかけているのだけれど、結果が出ない。

やる気が出ない、集中できない、などという「悩み」を抱えているのではないでしょうか？

この本は、まさにそんなあなたのために書かれた本です。

勉強で結果を出す。

世間ではすごく難しいことのように思われていますが、実は簡単なことです。

実は、やり方を変えるだけで、勉強であなたの望む結果を出すことができます。

勉強しているのに勉強した分の成果が出ない。これほど悲しいことはありません。

勉強していなければ結果が出ないのは当然のことです。しかし、勉強しているのに結果が出ない、というのは、明らかにその方法が間違っているのです。

机に向かう前に、まずは本当に正しい、結果が出る勉強法を身につけていただきたいと思っています。

私は今まで、インターネット上で勉強法を教えるだけで、大学受験生を東大・京大・国公立大学医学部などに合格させてきました。大学受験だけでなく、TOEIC®テストなどの語学試験、弁護士、税理士、公認会計士などの資格試験……、ありとあらゆる勉強に応用できる本質的な勉強法をお伝えしています。指導した生徒たちは、1万人を超えています。

問題の解き方を教えたり、答え合わせをしたり、といういわゆる「授業」をするのではなく、生徒に「自学自習」をさせることで結果を出してきたわけです。

コーチングの手法を勉強にも取り入れ、彼らの内側からやる気を引き出し、自らの意志で行動し続けさせることで結果を出す。

1日30分も勉強することができなかった子が、1日10時間を超える勉強を「楽しんで」行うようになりました。志望校に合格してからも嬉々《きき》として勉強し、自分を高めていく姿を見てきました。

1日12時間以上勉強しても全く成績の伸びなかった子が、私の教える勉強法を実践し、1日8時間の勉強でも偏差値を10や20上げる姿を見てきました。

そうやって勉強する人たちを指導するなかで、とりわけ強く感じることがあります。

それは、**多くの人が「勉強したフリ」をしているだけで、実は「全く勉強をしていない」**ということです。

本人は勉強した気になっているのですが、実は勉強したことになっていないのです。

信じられませんよね。でも、本当なのです。

もし、あなたが今勉強で結果を出すことができないでいるのなら、あなたも実は「勉強したフリ」の状態になってしまっているかもしれません。

だからこそ、結果を出せずに苦しんでいる可能性が高いのです。

勉強で大事なのは「形」ではありません。「中身」です。

何時間机に向かったかとか、参考書が何ページ進んだかとか、そういう基準で「勉強したかどうか」を測ることはできません。多くの人が、ここを間違えています。

勉強したかどうかの基準は、「何を理解することができたのか」「どれだけ知識を頭に残したのか」「どんな問題が解けるようになったのか」という「中身」です。

勉強したフリになっているだけだった、本当の意味で勉強しているわけではなかったのだと気づくことが、結果を出すための最初の一歩です。

たとえ人生を変えたい！　という熱い気持ちで勉強を始めても、それが結果の出る方法でなければ、勉強で結果を出すことなどできないし、人生を変えることはできません。

さらに、もう一つ重要なことがあります。

勉強で結果を出すために絶対に理解しておいていただきたいことです。

この本は、分かりやすくて具体的なテクニックを集めた本ではありません。

今までの勉強法本といえば、復習法やノート術などのテクニックを伝えるものが多かったのではないかと思います。そしておそらく、あなたもそれらを学んできたのではないでしょうか。

しかし、そういったもので本当に結果を出すことができたでしょうか？

本当に、人生は変わりましたか？

私は思います。

小手先のテクニックだけで、結果を出すことはできない。

ノウハウを学ぶだけで、人生を変えることはできない、と。

本当に大事なのは、あなた自身が変わること。あなたの意識、考え方、生き方を変えることこそが、勉強で結果を出すために、人生を変えるために必要なことなのです。

私は何年も、勉強する人たちの指導にあたってきました。そのなかで感じることは、テクニックではない、もっと本質的なものに気づくことができた人が、結果を出しているということ。

例えば、ある受験生は、自分が望む大学ではなく、世間や親が認めてくれるような大学を志望校にしていました。その志望校は、その子が心から行きたいと思える大学ではなかった。

その子は、全く勉強に取りかかることができませんでした。勉強しなきゃいけないことは分かっています。しかし、どうしても体が動かないのです。

その子に、私はこう問いかけました。「本当は、どうしたいの？」。

その子は、違う大学の名前を挙げました。その大学は決して有名ではないし、受かったからといってみんなに認めてもらえるような大学でもありません。

しかし、その子が行きたいのはその大学だった。心の底にある本音は、自分が本当はどうしたいのかということを知っていました。

その子は、私の「本当は、どうしたいの？」という質問によって自分の本音に気づきました。そして、その日を境に一気に勉強に取りかかることができるようになり、めでたくその大学に合格していきました。

「やる気」の本質とは、あなたが掲げる目標が、本当にあなたの心を震わせるような目標であるかどうかということです。

本当にあなたがやりたいことなのか、ということ。

あなたが本当にやりたいことを目標に掲げれば、自然に体が動きます。心から達成したい目標なのですから、どんどん勉強に取りかかることができるようになります。

逆に、あなたが掲げる目標が、心からやりたいことでない場合、どれだけテクニックを使っても、あなたは行動することができません。体が、動きません。

さらにいえば、テクニックを使って達成したいとも思っていない目標を達成したところで、あなたは幸せでしょうか？

充実感のある人生を生きることができるでしょうか？

この本は、勉強で結果を出すための本でありながら、もっと根本的で、もっと本質的に大切なことも書いてあると自負しています。

あなた自身が自分の人生、自分の生き方を考えるきっかけになるような、そんな内容について書いています。

そして、その大切さに気づいたとき、あなたも勉強で結果を出すことができているはずです。

机に向かって長時間勉強する前に、この本質にぜひ気づいておいて欲しいのです。

この本の第1章では、なぜあなたが今まで勉強しても結果が出なかったのか、その原因を明らかにしていきます。

結果が出ない原因を理解することで、結果の出る勉強法へと進化させていくことができます。

第2章では、具体的に「結果の出る勉強法」とはどういったものなのか説明していきます。

ポイントは「形式と実質」、そして「抽象化」の2つです。

この2つの方法論を理解することで、勉強したフリから卒業し、勉強すれば勉強した分だけ結果を得られるようになるのです。

第3章は、尽きることのない「やる気」を生み出す方法について。

勉強で結果を出すために欠かせないのが、勉強をするやる気です。

しかし、なぜかやる気が出ないということがあると思います。それはなぜなのか。その原因は何なのか。

小手先のテクニックではなく、あなたの内側から沸々とやる気が湧き出てくるような、そんな内容をお伝えしていきます。

第4章は、「集中力」について。

たとえ長時間勉強したとしても、集中力のない状態で勉強したのであれば、全く意味はありません。

大事なのは、高い集中力を維持しながら勉強すること。

この章では、「どうすれば集中力を高めることができるか」について徹底的にお伝えしていきます。

第5章は、「継続力」。勉強は続けないと、結果が出ません。

しかし、多くの人が三日坊主で勉強をやめてしまいます。

継続することができなければ、いくら正しい方法があったとしても、結果を出すことはできません。

では、なぜ継続することができないのか？　そこにも、今まで語られてこなかった根本的な原因があります。

その根本的な原因を明らかにしつつ、どうすれば勉強を継続させることができるのかについてお伝えしていきます。


あなた自身の勉強に当てはめてみて、こんな新しい勉強法もあるのだということを発見しながら読んでいただければと思います。


繰り返しますが、いくら形だけ勉強したって、結果など出ないのです。

まずは机に向かう前に、勉強に対するマインドセット（考え方）を大きく変えてください。

勉強というのは、本来最高に面白いものです。自分が本当にやりたかったことを現実にする最強のツールが「勉強」なのではないかと思うのです。

勉強することで自分を磨き、自分自身の力で人生を切り開いていく――。

本書が、あなたが勉強において、そして人生において望む結果を出す一助となれば、著者としてこれほどうれしいことはありません。

二〇一三年七月

池田　潤

勉強の結果は「机に向かう前」に決まる

目次

第2章 努力が水の泡にならない「結果の出る」勉強法

第3章
結果を出すための「やる気」を高める技術

第4章 結果を出すための「集中力」を高める技術

第5章 結果を出すための「継続力」を高める技術

編集協力……株式会社ぷれす
編集……黒川可奈子（サンマーク出版）
佐藤理恵（サンマーク出版）

第1章

なぜ、あなたは勉強で結果を出すことができないのか？

勉強で結果を出すことができない理由

勉強で結果が出ない。

あなたはその理由は何だと思いますか？　頭が良くないから？　才能がないから？　やる気が続かないから？

それとも……？

実は、勉強で結果を出すことができない原因は、私が考えるところ、大きく分けるとたった2通りしかありません。

・勉強の量が足りない
・勉強の質が悪い

結果が出ない原因は、この2つのどちらか。

根本的に勉強時間が足りないか、それとも、勉強はしているのだけど、勉強の質が悪いのか。

「量」と「質」という2つの壁を乗り越えることができれば、勉強で結果を出すことができます。至ってシンプルな話です。

勉強の「量」の壁については、「やる気」と「継続力」が関係しています。やる気を出す方法と、継続する方法を学べば、この壁はクリアできる。

勉強の「質」の壁については、「勉強法」と「集中力」が関わってきます。

つまり、**「勉強法」「やる気」「集中力」「継続力」**。この4つの壁をクリアすることができれば、勉強で結果を出すことができるということなのです。

そしてこの本では、その4つの壁をクリアする方法を徹底的にお伝えしていきます。

大学受験はもちろん、資格試験や、ＴＯＥＩＣ®テストなどの英語の試験を受ける際にも、この方法を実行していただくことで、結果を出すことができます。

また、試験勉強でなくても、何か目標を達成することを目指しているとき、この本でお伝えする「勉強法」「やる気」「集中力」「継続力」のスキルは必ず役に立ちます。

なぜなら、目標達成のためには、この本のなかでお伝えする思考法や、「やる気」「集中力」「継続力」といったスキルが絶対に必要になるからです。

何か達成したい目標がある、という方であれば、誰でもこの本のなかでお伝えする方法論は役に立つはずです。

4つのスキルを身につけることで、必ず結果は出る

私は現在、インターネット上で受験生の自学自習を支援する「受験コーチングプログラム」というプログラムを運営しています。

このプログラムの最大の特徴は、まず受験勉強に「コーチング」の手法を取り入れ、受験生自身の内側からやる気を引き出す指導をしていること。

加えて、集中力や継続力、肉体面や精神面、さらには生活習慣に至るまで、勉強を支える根本的な部分の指導を行っていることです。

私のプログラムでは、授業は一切行いません。問題を一緒に解いて、答え合わせをする、ということもほとんどありません。

行っているのは、この本でお伝えしていく「勉強法」「やる気」「集中力」

「継続力」。さらには、それらを支える「肉体面」「精神面」「感情面」「生活習慣」などの指導です。

授業を一切行わないにもかかわらず、プログラムからは東大・京大・早稲田・慶應・上智などへの合格者がどんどん生まれています。

このことからも分かる通り、結局、勉強で結果を出すために必要なのは、先ほども述べた、「勉強法」「やる気」「集中力」「継続力」なのです。

これらのスキルを身につけることで、勉強の質を高いものにしつつ、確かな勉強量を確保すること。

それができれば、勉強で結果を出すことは誰にでもできます。

勉強の結果が出ないのは、あなたに才能がないからではない

ただ、指導しているなかで強く感じるのは、多くの人がそれらの「必要なスキル」を身につけていないということ。むしろ、机に向かって勉強する前に、まずそれらを身につける必要があることにすら気がついていないことが多いと思います。

本当ならばもっと実力があるにもかかわらず、本来の自分の力を発揮することができずにいるのです。

「意識」や「思考」といった、勉強において根本的に重要な部分が疎《おろそ》かになっているせいで、頑張って勉強しているのに結果が出なくて悩んでいる人がたくさんいます。

いわゆる勉強ノウハウを学び、実践してみる。だけど上手《うま》くいかない。

それは、形だけを真似《まね》して、根本的な「意識」「思考」といったものを無視しているからです。

「意識」や「思考」といったものも、生まれ持ってのものではありません。

誰でも身につけることができるスキルに過ぎません。しかし、そのスキルを知らないから、勉強が上手くいかない。

「やる気」「集中力」「継続力」についても同じことがいえます。全て、学ぶことで身につけることができます。

そのスキルを知らないがゆえにやる気が出なかったり、集中できなかったり、続けることができないだけです。

勉強が上手くいかないのは、あなたに才能がないからでは決してないのです。

ただ、方法を学び、スキルを身につければ良いのです。

やる気が出ないのにも原因があるし、集中できないのにも原因があります。その原因を知って、改善策を実行していけばいい。

勉強といえば、「元々頭の良い人しかできないのでは？」と思われるかもしれませんが、そんなことはありません。

私が行っているプログラムでは、偏差値40台の子が自学自習で偏差値70台の大学に合格したり、予備校に行ってもどこにも受からなかった子が、私が教える方法論を使うことで早稲田大学に合格したり、ということがザラに起こります。

その子たちは、勉強する技術、やる気になる技術、集中する技術、継続する技術など、それぞれの技術を学び、日々実践していったことで、そのような結果を手にすることができたのです。

私自身もそうです。

私自身も、方法論を次々と学んでいき、自分なりに改良し続けていくことで、勉強において結果を出すことができました。

今では、インターネットを使って何千人という受験生に、日々自分の方法論を伝え、指導しています。

ただ、今まで順風満帆に来られたわけではなく、たくさんの苦労をしてきました。

その苦労があったからこそ現在の自分があると、今では思います。しかし、勉強で苦しんでいた当時は、本当につらかったのです。

頭が悪いことにぶち切れて、家を破壊しました

私は昔から、結構真面目に努力をする人間でした。テスト2週間前には勉強を始め、ノートをまとめ、万全の状態でテストに挑んでいました。

当然、周りにはテスト3日前になって「やべえ！ 何も準備してない！」と言って慌てふためいている人たちがたくさんいたので、内心「ふふ、俺はあいつらとは違うぜ」とほくそ笑んでいました。

しかし、テストが返ってくると、その結果に愕然《がくぜん》となりました。

そう、私は3日前から勉強を始めた彼らよりも、低い点数を取っていたのです。

彼らは、「おい、池田、何点だった?」とニヤニヤしながら聞いてきます。

私はしぶしぶ自分の点数を言わざるを得ないのですが、その後の彼らの優越感に満ちた憎たらしい表情は今でも覚えています。

私は家に帰っても、そのイライラを抑えることができませんでした。

なぜ、あれだけ勉強したのに彼らに負けたのか。

自分は2週間前からしっかりと準備をして、観《み》たいサッカーの試合も観ずに、週刊少年ジャンプを読む時間を削ってまで勉強したのに。彼らは、好きなテレビを観て、漫画も読んで、最後の最後に勉強して要領良く点数を取っていく。

自分自身の要領の悪さ、そして、要領の良い人に対するネガティブな感情が爆発し、私は家のふすまを蹴飛ばし、たくさんの穴を開けました。

そう、家を破壊したのです。

「うわぁーっ!!!」

と叫び、涙を流しながら家を破壊しました。

自分は頭が悪い。DNAが悪い。努力したって無駄なんだ。もうこれは、変えられないことなんだ。生まれたときから、自分は勉強ができないと決まっていた。もう、どうしようもない。

そんな無力感を抱いていました。勉強というものが嫌いでした。

やったって無駄だ。頭の良い人間は生まれたときから決まっている。頭が悪く生まれた人間は、もう何もできない。そう思っていました。

それでも、テストになると結局は頑張ってしまう自分がいました。まだ、腐り切ってはいなかったのでしょう。

特に、暗記系は死ぬ思いで暗記し、そこだけは落とさない！　という気持ちで勉強しました。すると、さすがに丸暗記が通用する科目では結果が出てきました。おそらく、それが自分の心を何とか支えていたのだと思います。

しかし、気合いと根性で何とかならない科目はどうにもなりませんでした。特に、数学や現代文、理科の計算問題など。暗記ではなくて自分の思考を必要とする勉強については、どうにもならない。

1日14時間数学の勉強に費やしたにもかかわらず、全く成績が上がらない。長時間の勉強は、水の泡となりました。

よく、「勉強ができません」と言う人がいますが、彼らの多くは、十分な時間勉強していないからこそ勉強ができないのです。勉強に適切な時間をかけないから、結果が出ない。それはある意味、当然のことですよね。

しかし、私の場合は、人の2倍も3倍も時間をかけて勉強しても、それに見合った結果を得ることができなかったのです。

死ぬ気で勉強しているのに、ラクチンに勉強している人よりも低い点数になってしまう。これは、本当に屈辱的なことです。私はかなり負けず嫌いな性格で、プライドも高いほうだったので、すごく傷つきました。要領の良い人に対して「むかつく!」という感情を持ってしまったこともしばしば。

勉強していないから勉強ができないのではなく、勉強しているのに勉強ができない。

これほどつらいことはありません。これほど、無力感を覚えることはありません。

しかし、ある出合いが、私の人生を変えるのです。

勉強の方法論を知った、これで完璧なはず。しかし……

高校2年生の冬。そろそろ受験を考えないといけない、という時期のことでした。

私はその頃から本をちょこちょこと読むようになっていたので、その日もぶらりと本屋さんに足を運びました。

すると、一冊の本が目に留まりました。

それは、「勉強法」の本。

「何だ、これ?」と手に取り読んでみると、そこには新しい世界が広がっていました。勉強には方法論がある。そのことを、そのとき初めて知ったのです。

即行でその本を買い、家で何度も何度も読みました。

「なるほど、こういう方法論があるんだ! こうやればいいんだ!」

私は、そのときまで自分のDNAを責め続けてきました。何度も、自分の頭の悪さを呪いました。テストの結果を見るのが嫌でした。友達に、テストの点数を聞かれるのが嫌でした。

しかし、そんな自分のネガティブな感情も、「勉強法」が解決してくれる。そう本気で信じることができたのです。

そうなると、だんだんと自分に自信が生まれてきて、最終的には「京都大学を目指す!」と決めてしまっていました。

私は関西に住んでいるのですが、経済的な問題もあって、自宅から通うことが絶対条件でした。自宅からギリギリ通える範囲のなかで、最も偏差値が高い大学が京都大学だったのです。

もし、京都大学に合格することができれば、今まで頭が悪いと苦しんできたそのコンプレックスを乗り越えることができる。

もし、京都大学に合格することができれば、自分のように頭が悪いと悩んでいる人の希望になることもできる。

そう、本気で信じていました。

自分のコンプレックスを乗り越えるため。同じ悩みを抱える人の希望になるため。

私は、京都大学を目指すことにしたのです。

勉強の方法を知って意気揚々の私。これで結果を出せるはず！　と思い、勉強を進めていきました。これで順風満帆に成績は上がっていくはずでした。

しかし、いくら勉強しても成績は上がらない。もちろん、以前よりはマシになった部分もあったのですが、むしろ下がってしまった科目もありました。

今思えば原因は明らかなのですが、この当時はなぜだか全然分かりませんでした。

方法論を学び、完璧なはずだったのに全く上手くいかない。

勉強法の本はこの時点で20冊以上読み込み、方法論についてはそこらへんの受験生の何倍も知っていたはずです。

数学や英語などの科目別の勉強法から、集中力を高める方法、やる気を高める方法などたくさんのことを知っていましたし、実際にそれらを実行していました。

英語の音読もやったし、復習もやりました。演習にも時間をかけ、本に書かれてあることはほとんど全て実行していました。

しかし、結果は出ません。

夏、冬と合計4回の京大模試を受けたのですが、全部E判定。それも最下位に近いときもありました。

数学は、150点満点で10点……。全く手も足も出ませんでした。

そう、結局また昔の自分に逆戻りしてしまったのです。勉強しても結果を出すことができない、大嫌いな自分。

現役生時代の京大入試は、撃沈。見事に不合格。私立の大学に通うお金もなかったので、浪人することになりました。家の経済的な事情から、アルバイトをしながらの浪人生活となりました。

形だけの勉強をしても、「身になる」勉強にはならない

勉強法をたくさん学び、実践もしたはずなのに。量もこなしたはずなのに。

それでも結果が出ない。

浪人生活に突入した当初は、絶望的な気持ちでいました。

しかし、時間はあと1年、たっぷりあります。

そこで私は、今までの何倍もの時間をかけてじっくりと勉強に取り組んでいくことにしました。

考える時間を長くし、じっくりと問題に向き合い、分からないところは丁寧に調べながら、徹底的に勉強していきます。

時間をかけて勉強だけに向き合う日々のなかで、私の勉強法は全く異なるものになっていきます。

そして、やっと「勉強の本質」に気づいたのです。

勉強というのは「形」が大事なのではなく「中身」が大事。

身についたかどうかが大事。

形だけの勉強をいくら繰り返しても成績が伸びることはない。

そんな当たり前のことに、やっと気がつくことができたのです。

それまでは様々な勉強法を試していたものの、結局は形を猿真似しているだけでした。本当に重要な本質の部分に目を向けずに、表面的なことばかりを学び、それだけを実践していたのです。それがまさに私の現役生時代。

しかし、それでは結果は出ないということを痛いほどに理解することができました。

そこからは、常に「どうすれば勉強で結果を出せるのか」ということを考え続けました。そして、だんだんと勉強の本質が分かるようになってきたのです。

その結果、勉強の効率は格段に向上し、勉強すればするほど、成績に反映されるようになりました。

夏の京大模試ではB判定。1年前はE判定中のE判定だったわけですから、大きな進歩です。苦手で、150点満点中10点しか取ることができなかった数学も、80点や90点を取ることができるようになっていきました。

そのときに、実感しました。

勉強に必要なのは才能ではない。DNAでもない。

自分の方法論を疑い、磨くことで結果を出すことができる。それも、表面的な部分ばかりを変えようとするのではなく、もっともっと本質的なところを改善していくことで結果は出るのだ、と。

結果が出ないのをDNAのせいにはするな！

結果が出ないとき、考えるべきなのは方法論であって、自分のDNAについてではありません。

頭が悪いと嘆いて、勉強で結果が出ないのをDNAのせいにした瞬間に、そこで人の思考はストップします。

DNAのせいにするということは、ご先祖様のせいにするということですよね。

自分が結果を出すことができないのをご先祖様のせいにする。自分以外の何かに責任をなすりつけ、自分は悪くないと決め込む。

確かに、そうやって考えていると楽です。なぜなら、自分は何もしなくて良いから。自分は努力をしなくていい。自分が努力をしたって、結局自分のDNAが悪いんだから、その努力は意味のないものである……。

そう自分に言い聞かせることで、努力するのをやめるのです。自分自身で道を切り開いていくことをやめる。

しかし、本当はそうではない。本当は、責任は自分にあるのです。自分が間違った方法で勉強している。だから、結果が出ない。厳しいようですが、ただそれだけです。

方法を変えることで誰もが結果を出すことができる

勉強法を改善することで、私は京都大学法学部に合格することができました。

頭が悪いと嘆き、あまりの悔しさに家を破壊していた私が、です。

当時から、「もし自分が合格することができたら、その方法論を勉強に悩む人に伝えたい」という思いを持っていました。

そこで入学後、自分の勉強法をブログで公開。すると、うれしいことにだんだんと注目が集まるようになり、アクセス数も伸びていきました。

読者の方から「有料でもいいので直接指導して欲しい」との声もどんどんいただいて、自分自身の勉強法をプログラム化することにしました。それが、現在行っている「受験コーチングプログラム」というオンライン学習プログラムです。

このプログラムでは、受験勉強の方法論の指導をオンライン上で行っています。

前述した通り、「授業」は一切行いません。ただ「勉強法」を教えるだけです。

思考の仕方、やる気の出し方、集中力の高め方などを徹底的に指導していくことで、受講生自身が自分の力で勉強を進めることができるようになります。結果、成績も上がっていきます。

このプログラムを通じて明らかになったのは、方法を変えることで誰もが勉強で結果を出すことができるということ。

現役生時代の私のように形だけの猿真似の勉強ではなく、勉強の本質部分を理解した「身になる」勉強をすることで、結果を出すことができるのです。

眠っていた本当の自分を叩き起こせ！

指導していて感じるのは、多くの人が自分の本当の力を半分も出し切っていないということ。

本当の自分がいまだ眠っている状態なのです。そして、その眠っている自分がいることにも気がついていません。これはすごくもったいないことです。

あなたが思っている以上に、あなたはすごい力を持っています。

ただ、そのあなた自身が眠ってしまっているだけです。

その眠っている本当の自分を叩《たた》き起こしてあげれば、人生のなかでより大きなことが達成できるはずです。本来の自分として生きられることに、何物にもかえがたい充実感も得ることができると思います。

どうすれば本当の自分を叩き起こすことができるのか。それは、本質的なスキルを身につけること。

繰り返しになりますが、勉強法にも、やる気にも、集中力にも、継続力にも、スキルが存在します。

本質的なスキルを身につければ、勉強で結果を出すことが可能になります。今までできなかったことができるようになります。

勉強して知識が身につけば、それだけ将来の可能性も広がり、自分の実現したい人生を送ることも可能でしょう。

本質的なスキルを身につけ、眠っていた自分を叩き起こし、本来自分が持っている能力を最大限発揮する。

そうすることで、あなたの理想とする人生を実現していきましょう。

次章以降で、それぞれのスキルについて具体的にご説明していきます。

第2章

努力が水の泡にならない「結果の出る」勉強法

どうすれば、勉強で結果を出すことができるのか？

結果の出ない方法で勉強しているというのは、悲しいことに本当に時間の無駄です。

時間をどれだけかけても、結果にはつながらないわけですから。

まさに、私の現役生時代がそうでした。勉強しても勉強しても成績が上がらず、結果を出すことができませんでした。不毛な努力を重ねてしまっていたわけです。

一生懸命にやればそれだけで良いわけではないという厳しい現実。方法を間違えてしまっては、それまでの努力も水の泡。

そうならないためには、机に向かう前に「勉強の本質」を理解し、形だけではない「身になる」勉強をしないといけません。

結果につながる勉強をすることができず、形だけは頑張って勉強をしている人のことを俗に、「要領が悪い」人といいます。

勉強で結果を出すことができない場合、多かれ少なかれ、どこかで要領の悪いことをやってしまっているのです。

実は私自身が長年「要領が悪い」と言われ続けてきました。しかし、今回お伝えする「結果の出る勉強法」を実践することで、要領の悪さを克服することができます。

要領が悪いとは別の言い方をすると、「本質を見極めることができない」ということ。

本当に大事なことは何なのかということが分からず、重要でないことに時間と労力をかけてしまっている状態です。

勉強法を付け焼き刃的に学んで形だけ真似《まね》をしてみても、本質的な部分が分かっていなければ、勉強しても結果を出すことはできません。

表面的なテクニックを学んだだけではダメなのです。

そういったテクニックも確かに役に立ちますし、重要なものです。

しかし、もっと根本的な部分である「意識」や「思考」といったところを理解してからでないと、形だけの勉強になってしまいます。

「ええ、意識？　思考？　何それ？　手っ取り早く点数を上げる方法、教えてよ！」という声が聞こえてきそうです。

そう言いたい人の気持ちは痛いほどに分かります。なぜなら、昔の私自身がそう感じていたから（笑）。

でも、だからこそ、「そういった表面的なことではダメなんだ！」と声を大にして言いたいと思います。

一見、意識や思考といった目に見えない部分を磨くことは、遠回りに感じるかもしれません。でも、そんなことは全くありません。それらを磨くことこそが、勉強で結果を出すための一番の近道だといってもいいくらいです。

実際、私自身も、意識や思考の仕方を変えるだけで結果を出すことができました。信じられないかもしれませんが、これが事実なのです。

おそらくあなたも、今まで「意識」や「思考」といった部分に目を向けることはなかったのではないでしょうか。

どの問題集をやるかとか、復習の仕方をどうするかとか、そういったことばかり気にかけてきたかもしれません。しかし、どういう意識で、どういう思考で勉強するのかということは今まで教わってこなかった。

だからこそ、結果を出すことができなかった。

逆にいうと、「意識」と「思考」にフォーカスするだけで、結果が出るのです。

全く同じ時間、全く同じことを勉強しても、結果に差が出るのはなぜだろう？

ここに、全く同じ時間、全く同じ内容の勉強をした人が2人いるとします。元々の学力も同じくらいだとしましょう。

普通に考えれば、同じ時間、同じ内容を勉強しているわけですから、同じ結果が出るはずです。

しかし、実際にはそうとは限りません。表面的な部分は全く同じ条件だったとしても、結果は変わり得るのです。

それはなぜかというと、彼らの「意識」や「思考」に違いがあるからです。

これまで、「○時間勉強すれば良い」とか「この問題集をやれば良い」ということばかりを教わってきたと思います。

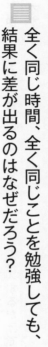

しかし、本当はもっともっと大事なことがあります。

同じ条件下で勉強したにもかかわらず結果が出なかった人は、何が悪かったのでしょうか？

それは、「勉強が形だけになってしまっている」ということです。

勉強というのは、形だけ勉強したフリをしても、意味がありません。

例えば、「1日12時間勉強しました」「今日は、100問解きました！」そう聞くと、すごいと思うかもしれません。しかし、それだけでは本質的に勉強できたかどうか分かりません。

机に12時間向かっていようが、100問解こうが、そんなことは重要ではないのです。

私のプログラムでは、何時間勉強したか、何問解いたか、といったことで「勉強したかどうか」の判断はしません。

なぜなら、**大事なのは「何ができるようになったのか」という点**だからです。

これこそが、勉強の本質。

1日12時間勉強したところで何も理解できていなかったり、何も記憶していなかったり、何も解けるようになっていなかったりするのであれば、それは勉強とはいいません。

しかし、多くの人は「形」で勉強したかどうかを判断します。

これが大きな間違いなのです。

まず、その考え方を改める必要があります。

「車の免許」方式の勉強になっていないか？

自動車教習所を卒業するためには、「学科教習」を受ける必要があります。

必要なハンコを全てもらわなければ、卒業することはできません。

ただ、学科教習に出席し、学科教習を受けさえすれば、ハンコをもらうことができます。

とりあえず勉強しているフリをしていても、ハンコをもらうことはできるわけです。

つまりは、「形だけの勉強」でも勉強したことになるということ。

とりあえず学科教習を受けてさえいればそれでいい。ハンコをもらうことができてしまいます（もちろん、本当は学科教習の内容を分かっていなければいけないのは言うまでもありませんが……）。

しかし、私たちの受験勉強や資格試験のための勉強は、車の免許のように、とりあえず授業を聞いていればハンコをもらえるようなものではありません。たとえ何時間授業を受け続けたとしても、内容を理解していなければ、意味はありません。

逆に、授業を全く受けていなかったとしても、その内容を自分で学習し、理解していたならそれで良いのです。

要は、勉強というのは、「何ができるようになったのか」が全ての世界。どの問題集を勉強したとか、1日何問解いたとか、そういうことは全く関係のない世界。

できることを増やすという目的を達成するための手段として、勉強に時間をかけることや、問題をたくさん解くということがあるだけなのです。

例えば、私は現役生時代、数学の問題を1日10題ほど解いていたのですが、「とりあえず10題解く」という意識で向かっていたために、何も身についていませんでした。

「できることを増やす」という意識を持って勉強していたのではなく、「1日10題解く」ということを意識して勉強していたのです。

それでは成績が上がらないのも当然です。

勉強する本当の目的を忘れ、手段を目的にしてしまっているわけですから。

大事なのは、形だけ勉強したフリをすることではなくて、本当に自分のものとなる力を身につけることなのです。

「思考停止」で勉強することをやめる

形だけの勉強とはすなわち、**「思考停止状態」**で勉強しているということです。

何も思考していないのに、作業だけは行われている状態。

その状態になると、もはや勉強しているとはいえません。

例えば、英語の音読を考えてみてください。もし、英語を音読するときに、英語の構造を全く理解しないまま、単語の意味も分からないままに音読をするとどうなるでしょうか。

それはもはや、発声練習です。ただ声に出して英語を読んでいるだけなのですから。本来は頭をフル回転させ、理解しながら行うことで意味を持ちます。

しかし、思考することが大事だということが分かっていなければ、とりあえず音読をしていることで満足してしまいます。

もちろん、頭は全く働いていないので、本質的に勉強していることにはなっていないわけですが、形は見事に勉強していることになっている。

これでは当然結果は出ません。

「勉強しているのに、結果が出ない！」という嘆きは、こういうところから生まれます。

自分は勉強しているつもりになっている。でも、思考停止の状態で勉強してしまっているだけなので、実は何も身についていない。

勉強で結果を出すためには、とにかく「頭を働かせること」を意識しないといけません。

形だけは勉強している状態、勉強しているフリの状態というものには全く意味がないということを理解し、自分の頭はきちんと働いているかということをいつもチェックする。

私も、勉強しているときはいつも、きちんと思考しながら勉強することができているかをチェックしていました。

時々、集中が切れて適当に勉強をこなしてしまうときもありましたが、チェックすることでそれに気づくことができました。そして、もう一度きちんと勉強し直す、ということも何度もありました。

もしそこでチェックをしていなければ、本当は何も理解していないのに、どんどん先に進んでしまっていたかもしれないのです。

しかし、理解していないのだから、そこがテストで出されたりしたらお手上げです。

「勉強したはずなのに！」という状況になってしまいます。

思考停止状態で勉強することをやめ、きちんと思考しながら、頭を働かせながら勉強しているのかをチェックする。

その癖をつけること。思考しながらの勉強が当たり前になること。

そうなれば、勉強を続けることで結果も出るようになってきます。

「形式」と「実質」の違いを知る

私が指導するなかでも、多くの生徒は、「どの参考書を、何周すれば合格できますか？」とか、「1日何題解けばいいですか？」という形で質問をしてきます。

もちろん、これも大事な質問ではあるのですが、この質問をしてくるときの受験生の心境というのは、すごく単純なもの。

それをやりさえすれば大丈夫だ、と思っているのです。

しかし、これまでお伝えしてきたように、それをこなしさえすれば良いものなどこの世にありません。きちんと頭で理解をし、他の問題にも通用する形で思考が伴っていないといけません。

それがきちんとできていなければ、たとえ参考書を10周こなしたとしても、1日30題問題を解いたとしても、意味がないのです。

「形式」（何題解いたか、何ページ進んだか）よりも、「実質」（本当に頭に入ったか）のほうが大事なのです。

よく予備校などで、「この授業とこの授業を受ければ大丈夫」ということがいわれますが、そんなことあるわけがありません。

授業を受けても成績が全く上がらない人はたくさんいます。それは、授業を受けるだけで満足しているからです。

授業を受けるというのは「形式」です。

しかし、成績を上げるためには、きちんと頭のなかに知識が入って、自分の頭で考えられることが必要。

だから、授業を受けるだけで満足する人は、一向に成績が上がらないのです。

先生の説明を聞いて、「ふむふむ、なるほど」と言っていても、そのときは先生の説明が分かりやすかったから理解できただけです。自分の頭で本当に理解できているのかというと、そうでないことも多いのです。

結局、授業を受けるにしても、大事なのは「実質」。

そこで何を学んだのか、どういう問題を解けるようになったのか、ということです。

形式だけの勉強をやめると、得られるリターンは跳ね上がる！

勉強で結果を出していくためには、形式ではなく実質が大事だということはご理解いただけたかと思います。

では一度、自分の普段の勉強を振り返ってみて、形だけのものになっていないか、考えてみてください。

例えば、本を読むとき、本を読むこと自体を目的にしてしまってはいませんか？　そこから得た気づきを、日々の生活のなかで実践しているでしょうか？

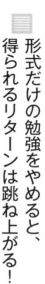

本を読む、という行為も、それ自体は形式ですよね。

もちろん、漫画や小説など、本を読むことそのものを楽しむ場合は別ですが、本から何か気づきを得て、それを人生の糧にしていこう、という場合には、やはり気づきを実践してなんぼ、なわけです。

形式と実質という概念が自分のなかになければ、本を読んだことで満足してしまいます。

セミナーもそう。セミナーを受けるとそのときは気分が高揚しますが、2日～3日すると元通り。

もちろん、セミナーで気分を一時的に高揚させることが目的であればいいのです。

しかし、本当はセミナーを受けること自体に価値があるのではなく、そこで何を学んだかのほうが重要なわけですよね。

セミナーを受けることは「形式」。

そこで学んだことを人生に生かすことが「実質」です。

こんな風に、知らず知らずのうちに形だけの学びになってしまうことがよくあるのです。いくら勉強しても全く結果が出ない人は、間違いなく形式だけの勉強に陥っています。

一度、自分自身の今までの学びを振り返ってみて、形だけの勉強になっていた部分はなかったか、学びをきちんと得ていたか、考えてみてください。

今、形だけの勉強になっていないか？

本当に、頭に知識が入っているか？

思考しているか？

考えているか？

丸暗記になっていないか？

こんな風に、普段から意識することです。

いつもその意識を持つことに意味があります。意識することで、どんどん学びが深くなっていき、形だけの勉強がなくなります。

形だけの勉強がなくなると、かけた時間分のリターンが、きちんと得られるようになってくる。

私自身も、1日14時間勉強しても結果が出なかったときは、形だけの勉強になっていました。分かってもいないのに先に進む。安易に答えを見て理解したつもりになって安心する。

最低最悪の勉強でした。

そこから、自分自身の頭で考える時間を増やし、理解していないと感じたら、きちんと周辺事項を調べ、基礎を固める。何となく適当に勉強してしまったと感じたら、初めからやり直す。

そのおかげで、意味のない時間を過ごすことがなくなり、どんどん成績も上がっていったのです。

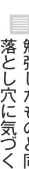

勉強したものと同じものしか解けないという落とし穴に気づく

さて、勉強にはもう一つ本質があります。私にとっては、これは革命的といっていいくらいの気づきでした。それくらい、パワフルな方法論です。

私自身、成績が上がらずにいたときの大きな悩みが、「同じ問題しか解けない」というものでした。

定期試験など、勉強したことと全く同じ問題が出るときは、簡単に解くことができます。しかし、似たような問題であっても、少し形式が変えられていたりすると、手も足も出ない状態。

特に、受験のときは、数学でこの傾向が顕著でした。見たことのある問題しか解けない。同じような解法を使うものであっても、少し形式が違うと、もう解けない。

つまり、応用力はゼロ。

当然、模試でも結果は出ません。慣れ親しんだ問題集の正答率は果てしなく高いのですが、模試になると全く正解できない。

やったことがあることはできる。やったことのないことはできない。

初見の問題に対して、めっぽう弱かったのです。

しかし、試験というのは、当然ながら初見の問題もたくさん出てきます。

結局、丸暗記で乗り越えられるものではなく、自分の力で解いていかないといけないものなのです。

それが、どうしてもできなかった。しかし、ここを乗り越えないことには先はありません。どうすればいいのか懸命に考えました。

何が問題なのか。どう改善すればいいのか。

考え続けた結果、ある答えが見つかりました。

それは、**「抽象化」**という方法です。

勉強で結果を出す最大のカギは「抽象化」である

私が出した結論は、**「今目の前にある問題が解けることが大事なのではなく、今目の前にある問題から、他の問題にも通用する原理原則を学ぶことが重要なのだ」**ということでした。

つまり、一つの問題から、他の問題にも応用できることを見つけ出せ、ということ。

一つの具体的な問題を見るのではなく、そこから抽象的な原理原則に目を向ける。

いくら個別具体的な問題の解法を覚えたところで、違う形式の問題が出てくることがほとんどです。

しかし、その問題の原理原則が分かっていたら、どういう形式で出題されたとしても、対応することができる。

つまり、一つの個別具体的な問題を「抽象化」することができれば、ありとあらゆるどんな問題にでも対応できる力が身につくということです。

では、どうすれば「抽象化」することができるのか。

2つの方法があります。

「なぜ思考」であらゆる問題に対応できるようになる

一つ目は、「なぜ、そうなるのか?」に着目することです。

私はこれを「なぜ思考」と呼んでいます。

とにかく問題に向かう度に「なぜ？」とつっこみを入れてください。

問題を間違えた。なぜ？　Aではなく、Bが答えだった。なぜ？　書かなければならないことを書けなかった。なぜ？　場合分けをした。なぜ？

とことん、「なぜ」を突き詰めていく。

すると、自然に抽象化がなされていきます。

勉強で結果を出すことができない人は、「なぜ」を考えません。ただ、答えを見て、暗記しようとする。それだと、全く応用が利かない知識にしかなりません。

「なぜ、そうなるのか？」ということが分かっているからこそ、少しくらい形式の違う問題が出てきたとしても対応することができるのです。

「なぜ」を考えることは、ちょっと面倒なこと。思考力を使うし、時間もエネルギーも使います。だから、多くの人はやろうとしないのです。

やらないから、応用ができない知識しか身につかず、かけた勉強時間分のリターンを得ることがなかなかできない。

すごく「浅い知識」になってしまっているということです。

逆に、要領が良い、つまり、かけた時間分のリターンをきちんと得ることができている人というのは、原理原則を理解できている。**原理原則という抽象的な部分が分かっているので、個別具体的な問題がどういう形で出題されても、対応することができるのです。**

学校のテストにおいても、一度出されたものだったらできるけれど、その知識を元に考えさせるような問題が出ると、「先生、これ習ってない！」という声が続出します。

個別具体的な問題から原理原則を学ぼうとしていないので、自分で考えて答えを出すことができない。見たことのある問題しかできない。教えられたことしかできない。

だから、「習ってない！　できない！」となるわけです。

同じ問題は二度と出ないと思え！

もう一つ、「抽象化」してあらゆる問題に対応するための方法を紹介します。

それは、**「同じ問題は二度と出ない」というマインドセットで勉強する**ということです。

多くの人は、「きっとこの問題と同じものが出題される」と思って勉強しています。その行き着く先は、「丸暗記」です。

もちろん、実際に試験で同じ問題が出されることはあるでしょう。やったことのある問題が出て、やったことがあるからできる、ということもあると思います。

しかし、試験が難しいものになればなるほど、そうはいかなくなります。

単純な丸暗記や、やったことがあるからできるというだけでは足りず、自分の頭で思考して解答までたどり着かないといけない問題が増えていきます。

同じ問題が出ると思って勉強すると、「記憶量」は増えるかもしれません。

しかし、そういう意識で勉強すればするほど、思考することを忘れていきます。

思考することを忘れて勉強をしていくと、初見の問題や、自分で考えさせられるような問題は解けない頭になってしまうのです。覚えさえすればいいんだ、と思うと、思考もせずにそれらを頭に詰め込もうとしてしまうからです。

そうなると、どんどん「形式」だけの勉強になってしまう。

逆に「同じ問題は二度と出ない」と思って勉強をするとどうなるか。

自然にそこから原理原則を学ぼうとします。

他の問題にも通用する、抽象的な解法を学ぼうとするのです。

例えば、数学で「場合分け」が必要な問題が出たとします。通常は、「なるほど〝この問題では〟場合分けが必要なんだ」という理解の仕方をします。

しかし、同じ問題が二度と出ないと思っていると、「場合分けっていうのは、〝どういうときに〟必要なんだろう？」という思考になります。

なぜなら、同じ問題はもう二度と出ないとすれば、その問題にだけ通用する解法を学んだところで全く意味はないからです。

自然に、他の問題にも応用できるような本質的な部分を学ぼうとします。すると、場合分けが必要な問題全般に通じる力が身についていく。「場合分け」に強くなるということです。

だから、試験本番で、やったことのある問題と全く同じものが出題されなかったとしても、場合分けが必要な問題であれば、対応することができる。

しかし、個別具体的な部分しか見ていない人は、やったことのある、まさに同じその問題が出されなければ、対応できないのです。

「意識」が違うだけで勉強の結果は大きく変わる

勉強した問題も、勉強した時間も全く同じ。しかし、意識をどこに向けるかによって、そこから得られるものは全く違うということがお分かりいただけたと思います。

どこを見ているか、どういう意識で勉強しているのか。それが違うだけで、これだけの差になってくるのです。

全く同じ教材を、全く同じ回数、全く同じ時間勉強したとしても、大きな差になります。

違うのは、「意識」。ただそれだけ。

今まで、多くの人はこの「意識」の部分を無視して勉強してきました。時間をかけるだけ、暗記するだけ。そんな形だけの勉強をしてきました。

しかし、それが大きな間違いだったのです。

目には見えないし、数字で表されることもない、極めてあやふやな「意識」。しかし、実はそこに大きなカギがあります。

「なぜ」を考え、同じ問題は二度と出ないと考えながら勉強することで、どんな問題にも対応できる力がついていきます。

「質の高い勉強法×必要な勉強量＝望む結果」という公式を覚えなさい

勉強というのは、ただやるだけで結果の出るものではありません。形だけ勉強しているフリをするのではダメ。繰り返しになりますが、自分の頭で思考して、他の問題にも応用できる理解の仕方を意識して、勉強する必要があります。

勉強で結果を出すことができない原因は、すごく単純です。

原因は、たったの2つ。質の悪い勉強をしているか、勉強量が足りないか。

先述したように、この2つのどちらかでしかありません。

だから、もしあなたが必要な勉強量をこなしているはずなのに結果が出ないのであれば、勉強法に問題があります。

今まで述べてきたような高い意識を持ち、思考法を変えることで、どんどん結果を出すことができるようになっていきます。

逆に、質の高い勉強をしているはずなのに結果が出ないのは、勉強量が足りないからです。

勉強には、最低限やらなければならない量というものがあります。それをこなすことができないのであれば、どれだけ勉強法が正しくても、望む結果

は出ません。

勉強量は、最低限必要なもの。量をこなすことは当たり前のこととして、どれだけ勉強の質を高めていけるかを考える。

これが、結果の出る人のパターンです。

つまり、**「質の高い勉強法×必要な勉強量＝望む結果」**という公式があるということです。**いかに、質と量の両方をレベルアップし、望む結果を大きく生み出すか。**

だから、最低限、勉強量をこなすことができるようにならなくてはいけません。

とはいっても、実際には勉強量をこなすことは、なかなか簡単なことではありません。ついつい誘惑に負けてダラダラしてしまったり、勉強以外のことに時間を使ってしまったり、ということがありますよね。

勉強量を増やすのにもコツがあります。

その方法を知ってしまえば、これから勉強量もどんどん増えていきます。

では、どうすれば勉強量を増やすことができるのでしょうか？

一日のスケジュールを書き出し、無駄な時間を排除する

まず、あなたの一日のスケジュールを一度書き出してみてください。朝起きてから夜寝るまで、自分は一体何をして生活しているのかを明確にするのです。

書き出すのは、特別な一日ではなく、平均的な一日。平均的に自分はどういう一日を過ごしているのかを把握します。

書き出してみると、意外に無駄な時間を過ごしていることが分かります。

逆に、実はもっと勉強する時間が残されていることに気づいたりすると思い

ます。

大事なのは、無駄な時間をなくし、勉強する時間を増やすこと。

勉強量を増やすとは結局のところ、勉強以外の時間を減らし、勉強の時間を増やすという、しごくシンプルなことです。

だからまず、自分の一日を整理してみて、無駄な時間を排除していくのです。

優先的に排除していくのは、「緊急でもなく、重要なことでもない」活動。

例えば、テレビの時間、ダラダラしている時間。意味もなく電話をしたり、ネットサーフィンをしたり、SNSばかりを見たり……。

そういった、勉強とは関係なく、また緊急でも重要でもない時間をまずは排除していきます。

そういった時間を排除することによって、勉強に使える時間が増えるわけですね。

勉強の時間を増やすには、まずは「やめる」ことを決める

何をやめるか、ということを考えるときに大事なのは、「この活動は3年後の自分にどういう影響を与えているだろうか？」と考えてみることです。

上手《うま》くいく人というのは結局、「長期的に自分のためになること」に時間を使います。

逆に、長期的に自分にとっての成長につながらないことは極力やりません。厳しいようですが、テレビを観《み》てダラダラとしたって自分の成長にはつながりませんよね。長期的に見て、その時間の使い方をしたことに後悔してしまうはずです。もっと有意義な時間の使い方があった、と感じるでしょう。

そう感じてしまうことはやらないと決意すること。

とはいえ、つい誘惑に負けてしまうことは誰にだってあります。

もし、無駄なことに時間を使いたくなったら、**「3年後の自分に、どういう影響を与えているか？」「死ぬ間際にこの時間の使い方を後悔しないか？」**と自問自答してください。

そうやって自問自答する癖をつけることで、人生のなかで本当に大事なことは何なのかということに意識が向くようになり、無駄なことに時間を使わなくなります。

大事なのは、まず何をやめるかを決めること。

多くの人は、何かをやろうと思う一方で、何をやめるのかを決めていません。

しかし、何かをやめないことには、何かをする時間など生まれません。

勉強だって同じことです。

今までと同じ生活をしていたら、勉強時間を増やすことなどできない。

ということは、今までの自分の行動のなかから何かを「やめる」と決めることが必要になります。今までと同じ毎日の過ごし方では勉強時間は増えないのだから、何をやめるのかを決める。

それも、明確に決める必要があります。

大抵の場合、「よし、これからはしっかり勉強するぞ！」とは言うものの、何をやめるのかを決めていないので、結局いつもと同じ日々を過ごしてしまいます。

何かをやめる決意を持たないままに、今までの生活に新しい活動を取り入れようとしても、結局は元通りの毎日に戻っていくだけです。

だからこそ、やめる決意が必要になります。

やめるのだという意識が、まずは必要なのです。

真っ先に勉強予定をスケジュール帳に書き込め！

多くの人は予定を決めるときに、まず「緊急のこと」を入れます。仕事や学校などの、絶対に外すことができないものです。

問題は、その次の段階。緊急のスケジュールを決め終わったその後のスケジューリングには、その人の価値観が出ます。

友達との時間を優先している人は遊びの予定を入れるでしょうし、趣味を大事にしている人は趣味の予定を入れるでしょう。

そして、その後、余った時間帯に勉強する時間を確保しようとします。

そこにあるのは、「残った時間で勉強しよう」という意識です。勉強に対する優先順位が低く、余った時間でこなしていこうと考えている。

これが、勉強時間が増えない最大の原因です。

結局、余った時間で勉強しようと思っても、時間がなかなか取れなかったり、他に予定が入ったらその予定のほうを優先してしまったりするわけです。

勉強する時間がないとよく言いますが、多くの場合、それは事実ではありません。

勉強する時間はあるのだけれど、勉強を優先していないだけです。他のことを優先してしまっていて、そちらに時間を使っているから、時間がないように見えるだけ。

勉強時間を増やしたいのなら、心のなかの優先順位を変えないといけません。

勉強を、もっと優先しないといけない。

だからこそ、「緊急のこと」を予定に入れたら、その次に「勉強の予定」を入れてしまう。

例えば社会人の方であれば、日曜日は午前中を必ず勉強に当てる、とか、平日の20時~22時は勉強する、とか。あらかじめそうやって予定を決めてしまうわけです。

すると、たとえ友人に誘われたとしても、勉強の予定を入れてしまっているわけですから、勉強を優先することになります。理由を聞かれたって、「先約があって」と言えばいいだけです。

余った時間で勉強しようとしても、次から次へと予定が入ってしまって、一向に勉強は進みません。

一日のスケジュールでも同じです。一日のなかで勉強する時間をあらかじめ確保します。その時間は何があっても勉強すると決める。そして、他のスケジュールをその勉強時間に合わせるのです。残りの時間でやるべきことをこなすようにする。

これは、時間管理の方法として非常に有効な方法です。勉強というのは、特に社会人にとっては、今すぐやらないと困るものではありません。

しかし、だからこそ先延ばしが起こるのです。

そうやって**「緊急ではないけれど、長期的に人生の役に立つこと」を先延ばしにし続けることで、人生は停滞していきます。**

日々押し寄せる緊急のことをこなすだけでは、長期的に実現していきたい人生に向けた準備をする時間を取ることはできません。

発想の転換をして一日の時間の密度を濃くする

ただ、ここで発想の転換をしていただきたいのです。緊急のことというのは、どうしたってやらなければならないわけです。人間、そういった今すぐにやらなければならないことに対しては危機感を持つので、意識しなくても取り組むことができます。

であるならば、あらかじめ勉強時間を第一優先に確保しておいたところで、どうにかして時間を作って緊急のことに取り組めるのです。

そのほうが時間の密度が濃くなり、一日のなかでより多くのことに取り組めるようになるかもしれません。緊急のことを先にやって、時間ができたら勉強しよう、という考え方をやめましょう。

まず、勉強する予定を入れる。そして、残りの時間で緊急のことをどうやってこなすかを考える。

そうすることで時間への意識が高くなり、自然に時間の使い方が上手くなります。また、長期的に見て自分が望む人生を生きる準備も同時に行うことができるのです。

勉強への優先順位を高めていくことができれば、あなたの勉強時間はどんどん増えていきます。

形だけにこだわり続ける人生でいいのか？

ここまで、結果の出る勉強法についてお話ししてきました。

勉強というのは形だけのものであってはならず、結果を出すためには、形式ではなく実質にこだわって勉強していくことが大事だ、と。

私は、この勉強法における考え方は、人生で結果を出すということにおいてもいえるのではないかと思っています。

例えば、高学歴であること、有名企業に勤めていること、資格を持っていること。

こういったものは全て、「形式」です。

勉強において、形にこだわるだけの勉強は意味のないものであるのと全く同様に、人生においても「形式」にこだわるだけではいけないのではないか、

と思うのです。

例えば、東京の一流大学に通っている大学生と、地方の無名大学に通っている2人の大学生がいたとします。東京の大学生のほうは何かを真摯に学びたいと思って入ったのではなく、「東京の一流大学生」という形が欲しくて入学したとします。

そうなれば、おそらく大学で情熱を持って何かを学ぶということはできないでしょう。なぜなら、「東京の一流大学生」という形を手に入れることが目的だったのですから。

そういう人は、次には「卒業すること」が目的になります。また、「東京の一流大学卒」という形にこだわるのです。そして、そのためには単位を稼がなければならないので、できる限り単位の取りやすい授業を選ぶようになります。

卒業という形が欲しいだけだから。授業の中身などはどうでもよく、形を欲しているだけだから。

それは「就職」に際しても同じです。就職することそれ自体が目的になり、それもできる限り「有名な会社」を狙うということになります。だって、形が大事なのですから。

自分自身が何をやりたいかとか、情熱を注げるかとか、どういう毎日を過ごしたいか、という「中身」ではなく、ひたすら形にこだわる。

しかし、そうやって形だけにこだわる人生に、一体何が残るのでしょうか。

逆に無名大学の学生は、自分が心から学びたいと思う学問を学ぶためにその大学を選んだとします。そうすれば、その学生は時間があればその学問について考え、学ぶでしょう。

つらいとか大変だとか思うこともなく、どんどんその学びに没頭していくはずです。その学問を学びたいがゆえに、その大学に入ったのですから。

そういう学生は、卒業のために単位を稼ぎたいからではなく、学びたいから授業を受けるはずです。単位という「形式」ではなく、学びという「実質」を大事にするはず。

就職に際しても、有名かどうかではなく、自分が好きかどうか、自分がやりがいを感じられるかどうかで会社を選択するようになる。

そういう人は、人生を間違えません。日々充実感を得ながら、「形式」ではなく、自分がどう感じるか、自分が幸せであるかという「実質」を大事にした人生を送ることができるはずです。

逆に、形式だけを大事にする人生は、どこか満たされない、充実感のない人生になっていくのではないでしょうか。

なぜなら、そこに自分の「好き」や「やりたい」という気持ちがないからです。そこに、情熱はないのです。自分の感情はないのです。

大学に入るときも、就職するときも、資格を取るときも、考えるべきなのは、「自分はそれを手に入れ、何をしたいのだろうか？」ということ。

ただ闇雲に形だけを求めるのではなく、その先に待っている実際の世界、実際の毎日を思い描くこと。

そこで自分が情熱を持って取り組めるのか。やりがいを感じる毎日を送ることができるのか。

そちらのほうが大事なことなのではないでしょうか。

「形式」ではなく「実質」を重視する。これは、勉強においてだけではなく、人生を通じて大事な考え方なのではないかと思います。

第3章

結果を出すための「やる気」を高める技術

「願望」×「肉体」×「人間関係」×「考え方」の360度モチベーションメソッド

「やる気が出ません……」

私のところには一日に何通も受験生からの相談メールが届きます。なかでも、ダントツで多いのが「やる気が出ない」という悩みです。

「勉強したいんですけど、どうしてもお気に入りのアイドルのことが気になってしまって……」なんてメールが来たことも（笑）。

他にも、「テレビ観《み》ちゃいます」とか「漫画が面白すぎて」「友達とのＬＩＮＥがやめられません」など、勉強以外のことに時間を使ってしまい、勉強へのやる気が上がらない人が多いのです。

勉強においては「やる気」が必須。

当たり前ですよね。

たとえ方法論を知っていても、やる気がなければ勉強に取り組むことができず、結果も出ません。

「やる気を出せ」と言っても、なかなかそうはいかない。そんな気持ちもよく分かります。

しかし、安心してください。「やる気を出す」ためのスキルだってきちんとあるのです。やる気に関わる要素というものがあって、それらをきちんと全て満たすことができれば、「勉強する」という行動にまで踏み出すことができるのです。

では、やる気を出すためには何が必要なのでしょうか？

それは、**「願望」「肉体」「人間関係」「考え方」**の4つです。

この4つを見てみると、一見何の関連もないものが並んでいますよね。

しかし、やる気というのはありとあらゆる要素が絡んでいるものです。その全ての要素を満たしていくことで、やる気は出てくるのです。

私はこの理論のことを、「360度モチベーションメソッド」と呼んでいます。

「願望」「肉体」「人間関係」「考え方」という、360度ありとあらゆる方面からやる気について考えることで、消えることのないやる気を生み出すことができるのです。

「絶対に合格したい」「何がなんでも点数を上げたい」そんな願望があっても、病気だったらやる気は出るでしょうか？　肉体が健康でも、家族との関係が上手《うま》くいっていないときにやる気は出るでしょうか？　家族との関係が上手くいっていても、日常の些細《ささい》な出来事にいちいち感情を乱されていたら、やる気は出るでしょうか？

そう、どこかの要素がダメになってしまうと、人はやる気が出なくなってしまうのです。

360度全ての要素を改善することで、必ずあなたのやる気は維持することができます。

あなたのモチベーションが上がらない根本的な理由とは？

なぜ人はやる気が続かないのか？
少し考えてみていただきたいのですが、あなたはどういうときにやる気が出ますか？
やる気が出るときは、どういうときなのか一度考えてみてください。
おそらく、「何かを手に入れたい」ときではないでしょうか。
それはモノかもしれませんし、お金かもしれません。環境かもしれないし、名声かもしれないし、感情かもしれません。

例えば、「年収1000万円になるぞ！」とか、「いつもツンツンしてるあの子に振り向いてもらいたい！」とか、「自由な時間が欲しい！」とかですね。

とにかく、何か手に入れたいものがあるからこそ、やる気が出るはずです。

もし、何も欲しくないのであれば、やる気は出ないと思います。

しかし、ちょっと考えてみてください。今はモノも溢《あふ》れているし、楽しいこともたくさんあります。本当の意味で生活に困ることなどあまりなくて、私たちは不足感を抱く機会は少ないのではないでしょうか……？

食事だって何を食べてもおいしいですよね。コンビニで売っている食べ物もおいしいし、ファーストフードに行けば、安くておいしいものを食べることもできます。

レジャーも充実し、漫画やゲームのレベルも非常に高い。

スマホやSNSを使えば、いつでも友達とつながっていられる。生徒に勉強させる側としては、誘惑が多すぎて、本当に厳しい時代です。そういうある意味満たされた環境が、今の日本にはある。ただ、満たされた環境であるがゆえに、やる気が奪われている側面があるわけです。

人間は満たされた環境ではモチベーションが保てない

人間の潜在意識は根本的に「変わりたくない」と思っています。たとえ現在の状況が自分にとって最高のものではなかったとしても、変わるための行動を起こすことがなかなかできません。

「将来は何となく不安だし、勉強しなきゃとは思うけど、普通に毎日は楽しい。スマホで友達といつでもつながれるし、暇だったらテレビかゲーム。今のままでも、まあまあいい感じ。頑張る必要、なくない？」となってしまうのです。

人は、「変わる必要性」を感じられなければ、変わるための行動を起こすことができない生き物なのです。

ただでさえ潜在意識で「変わりたくない」と思っているのに加えて、現在の環境はさらに、「変わる必要がない」という感情を芽生えさせています。

これは社会が豊かであることだともいえるのですが、変わるための行動を起こしにくいというネガティブな一面もあります。

あなたが何も変わらなかったとしても、ある程度満たされた生活がそこには待っています。たとえ自分の理想を達成できなかったとしても、ある程度は満足できる毎日。そういった環境のなかでは、モチベーションを保つことは難しいのです。

勉強においても同じです。

何か目標を決めたとします。

例えば、TOEIC®テストで900点を取ろう！ と。

「うおー！ やるぞー！」と思って勉強を始めます。しかし……です。実際に勉強を始めてみると、勉強は面白いことばかりではありません。分からない問題も出てくるし、リスニングをしても聞き取れないこともある。

結果を出すためには根気強く、地道に努力をしていかなければいけません。その作業は華やかなものではないし、孤独な作業。誰もそれを褒めてくれるわけではなく、ひたすら自分の目標のためにやるもの。

一方で、日常の生活に目を向けてみてください。

スマホでSNSを見ると、友達が自分をカラオケに誘ってくれています。

友達4人でカラオケ。楽しいに決まっています。手元にゲームや漫画があればどうでしょうか？　ゲームをすれば楽しいし、漫画を読めば刺激的な空想の世界が待っています。

何の苦労もなく、すぐに自分の欲求を満たすことができてしまいます。何の苦労もせず、すごく楽しい時間を手に入れることができるのであれば当然、強い意志の力がない限り、人はそちらに流れます。

TOEIC®テストの勉強なんてつまらない。満たされない。テンションが上がらない。

ならば、勉強よりも遊び。そういう気持ちになってしまう状況、環境が、今の日本にはあるということです。

短期的な快楽に流されない強い願望を持てば、やる気も生まれる

勉強で結果を出せる人というのは、近くにある短期的な欲求を満たすよりも、はるかに大きな願望を達成したいと思っている人です。

勉強というのは、短期的な満足を得にくいものです。すぐに結果が出るわけではなく、ある程度時間をかけてやっていかなければなりません。

逆にいうと、長期的に自分が望む人生を送るためのものという側面が強い。

一方で、日々の生活には、短期的な欲求を満たすものがたくさんあります。

人はどうしても長期的成功よりも、短期的欲求に流れてしまう生き物です。

勉強することとは、短期的欲求を満たすことではなく、長期的成功を目指すということを意味します。

だからこそ、勉強へのやる気はなかなか続かないのです。

しかし、なかには短期的欲求を満たすことよりも、勉強することに喜びを見出す人もいます。

例えば、私の生徒で、偏差値50から早稲田大学に合格した生徒は、「テレビを全然観たいと思わない」と言っていました。

勉強を始める前まではテレビが大好きで、家に帰ったらとりあえずリモコンをポチっと押して、ポテチを用意して、ソファに寝転がってぐうたらしていました。毎日のようにそんな生活をしていたにもかかわらず、勉強を始めるとその習慣がなくなったのです。

なぜそうなったのかというと、短期的な楽しさを得たとしても、それはそのとき限りのものだということを理解したからです。

それよりも、長期的に自分の人生のためになる「勉強」のほうが、価値があると思うようになったのです。

この例からお伝えしたいのは、**短期的な快楽よりも長期的成功を望むようになったときに、勉強へのやる気も生まれる**、ということです。

「でっかい願望」がないから勉強も継続できない

では、どうすれば短期的欲求ではなく長期的成功を選ぶことができるのか？

普通は、今すぐに欲求を満たすことを考えてしまうのが人間です。

長期的成功を選ぶことができるのは、短期的欲求を満たすことよりも、長期的成功を目指すことのほうに価値を見出しているからです。その人にとっては、短期的欲求を満たすことよりも、長期的成功を目指すことのほうが価値のある行為になっている。

では、なぜそうなるのか。

それは、その人に**「でっかい願望」**があるから。

絶対に達成したい、という願望が短期的欲求を超えるのです。

例えば、ある女性がいたとしましょう。心の底から好きな男性が「スリムな女性が好き」と言ったら、その女性はスイーツバイキングでバクバクとケーキを食べ、「ケーキは別腹だからいいの」という決まり文句を言うでしょうか？

そんなことはせず、むしろ「食べたくない」と思うのではないでしょうか？　食べれば短期的な欲求を満たせるはずなのに、満たそうとしない。むしろ、「彼に好きになってもらうためにスリムになる」という長期的な目標を達成するために、「食べない」という行動を取るはずです。

それは、彼女が「ケーキを食べる」という短期的欲求ではなく、長期的な成功、つまり「スリムになる」を優先しているから。

スリムになることによって得られるだろう結果、「彼に好きになってもらう」という強い願望を実現したいと心から思っているからです。

多くの人は、大きな願望を持っていません。絶対にこうしたい！という思いがない。だから、いつも短期的欲求に負けてしまいます。こうなればいいなあ、あれができればいいなあ、という弱い願望になってしまっている。

人はいつも行動をするとき、「価値の天秤《てんびん》」を持ち出してきます。

どちらをやりたいかを決めるときには、自分の価値観に従って決断をします。

自分の価値観、つまり何に価値を置くかということが、短期的欲求に傾けば、人は目標達成とは離れた行動を取ります。

逆に、価値が長期的成功にあれば、その目標を実現するための行動を取る。

価値は自分がどうありたいかという願望から生まれます。

その願望が弱ければ、行動には表れないのです。

勉強で何かを得たいという願望が弱いからこそ、勉強を継続することもで

きない。

つまり、短期的欲求に流されないためには、強い願望を持たなくてはならない、ということです。

どういう人生を送りたいかイメージすると行動が変わる

では、どうすれば強い願望を持つことができるのでしょうか?

まずは、「自分はどういう人生を送りたいのか?」「死ぬまでに何をしたいと思っているのか?」を明確にすることです。

これをいつも意識することが重要です。

意識しないと、日々の忙しさのなかですっかり忘れてしまいます。忘れてしまうと、また短期的な欲求に流されてしまいます。

忘れないように、一日に何回か思い出してください。そのためには何かに書き留めておいて、眺めるのが良いでしょう。

このとき重要なのは、「できる・できない」は考えないということ。とにかく、自分がこうなったらいいな、と思うことを考えて書き出す。

私たちは、どうしても「できる・できない」で物事を判断してしまいます。

しかし、今の自分にできることのなかからは、今の自分を奮い立たせる強い願望はなかなか出てこない。今の自分にできると思っていることは、自分ができることのごくごく一部に過ぎません。

できると思うことをやる、というのは、自分の可能性に自分で限界を作る考え方。

さらにいえば、今の自分にできることが本当にやりたいこと、実現したいことであるかというと、そうではないことのほうが多いのです。

自分に聞いてみてください。「本当は、どうしたい？」と。

本当は、あなたは何がしたかったのでしょうか？

本当は、どんな自分でありたいと思っていたのでしょうか？

本当は、自分の人生、どうしたかったのでしょうか？

今の自分にはできないことでもいいから、こうなったら最高だ、ということを書き出してみるのです。

そのとき、１００％達成できるとしたら、という視点で考えてみてください。

自分が10年後に死んでしまうとしたら、その10年間で何がしたいでしょうか？

誰と一緒にいたいですか？

仕事は？

収入は？

どこで暮らしますか？

そのときのあなたの感情は、どんなものですか？

ライフスタイルは？

ペットはいますか？

どういうものを食べていますか？

何に囲まれて暮らしていますか？

旅行には行きますか？　どれくらいのペースで？

どんどん具体的にイメージして、考えていってください。

私が指導する生徒にこう言うと、「お金持ちになる！」「でっかい家を買う！」「エリートになる！」と言うのですが、これでは全く具体的ではありません。

こういった生徒には「やり直し！」とお説教することになります。

「3つの時間帯」に目標を眺めてイメージする

長期的に自分がこうなっていきたい、というイメージをしっかりと持つことができたら、次はそれを必ず書いて眺めてください。眺めて、イメージしてください。

書いたものを眺めるのに一番いい時間帯は、寝る前、ご飯を食べるとき、トイレに行くとき。

この3つの時間帯に、自分の将来のビジョンにつながるイメージを頭に入れるのが良いでしょう。思いが深く届きやすい時間帯だからです。

この時間帯にやりたいことのイメージをしっかりと持つことで、だんだんとそのイメージを実現したくなってきます。実現することが、当然だと思えてくるのです。

自然に、「私は、そうなる」と思えてくるようになり、そうでない自分に違和感を抱くようになる。そうなれば、行動は自然にできるようになっていきます。

目標を書き出しただけでは、それが自分のあるべき姿だ、とまだ思うことができません。何となく、自分ごとのように考えられない。

しかし、3つの時間帯にただ目標を眺める、イメージするということをやっているだけで、だんだんとそれが自分の「本来のあるべき姿」だと思えるようになるのです。

やがて、短期的な欲求を満たすよりも、長期的成功のために動きたくなってきます。

なぜなら、自分の今の姿は本来あるべき姿ではないから。本来あるべき姿は、すでにイメージしたものであるはず。早く、自分のあるべき姿にならなくてはならない。そういう思いが自分のなかに生まれてきて、行動が変わるようになるわけです。

長期的成功のために必要なものが勉強なのであれば、勉強することが楽しくてしかたがなくなる。この状況を作ることができれば、勉強をするモチベーションも湧いてくるというわけです。

行動したくてたまらなくなる願望を作り出す

しかし、なかには「やりたいことが分からない」という人もいると思います。

これといって、絶対にやりたいことがない。

特に私が普段接する機会の多い若い人にこういう人は多く、結構深刻です。やりたいことがないので、スマホのゲームをしたり、ネットサーフィンをしたり、ＳＮＳで友達とやり取りしたりすることに時間を使ってしまうわけです。

それでは、貴重な時間の浪費になってしまいます。

でも、じゃあ今のままで本当にいいと思っているかというと、そうでもない。

このままは嫌。もっとダイナミックに生きてみたい。でも、何をしていいのか分からない。

そういう人が本当に増えているな、と感じます。昔の私自身もそうだったので、そういった気持ちが本当によく分かります。

そういう方はまず「願望を持つ」というところから始めていかなくてはなりません。

無理矢理願望を持つのはおかしいのではないか、と思うかもしれませんが、そんなことはありません。

願望や欲求が全くなくなると、人は生きる力を失ってしまいます。

人は、何か目標を持ってそこに向かって行動するからこそ、イキイキと生きることができるのです。

いつまでも若く元気でいられる人というのは、目標を持っているものです。

逆に、これまで仕事を頑張ってきた方が、定年退職後、何の目標もない生活をするなかで心を病んでしまう、ということも起きています。

何か「これがしたい」「こうなるとうれしい」というものを持つことで、人は元気に楽しく生きることができる。

だから、願望を持つことはすごく重要なことなのです。願望を持つだけで、人生は楽しくなります。

では、どうすれば願望を持つことができるのか。

それは、**「願望拡大の旅」**をすることです。

「願望拡大の旅」に出かけよう

「願望拡大の旅」

これは、実際にどこかの土地を訪ねるということだけを意味しているのではありません。とにかくいろんな情報に触れ、経験してみて欲しいということ。

人は情報や経験がなければ、願望どころか、物事に興味も抱くことができません。

例えば、私の友達の田中君に、あなたは興味があるでしょうか？

ないと思います。

なぜなら、田中君がどういう人か知らないからです。

知らないことに対して、人は興味を持つことはできません。

だから、まずは様々なことを手当たり次第に知る、経験する、ということが大事なのです。

これからは、知らないこと、経験したことがないことに対して「興味がない」と言わないようにしてみる。興味がないかどうかは、知ってみないと、経験してみないと分からないからです。

私もよく、自分が知らないことに対して批判的に考えたり、やったこともないことに対して「くだらない！」と言ったりしていました。自分を守り、正当化したいので、とにかく自分に関心がないものを否定してしまうのです。

しかし、その結果、だんだんと生きる活力がなくなっていきました。

自分の知っていること、やったことのあることだけで毎日を満たすようになるので、刺激がなくなり、人生に対する興味が薄れていってしまうのです。

知らないこと、経験してもいないことに対して「興味がない」と言ってしまうと、自分の世界はどんどん狭くなっていってしまいます。

本来、やってみてもいないことに対して価値判断をすることはできないはずです。

しかし、人は自己防衛をするものなので、未知のものに対しては拒否反応を示してしまいます。

「自分には向いていないから」「面白くないと思う」「くだらない」。

そういう言葉を使って、どんどん新しいことにチャレンジをしなくなる。

チャレンジをしないということは、現在の自分に留まるということです。

チャレンジを拒否する、新しいことを知ろうとしないことを続けることで、それが癖になっていってしまいます。

現状のままでいることにしか喜びを感じなくなってくるのです。そうなると、「生きるエネルギー」まで弱くなっていく。

生きるエネルギーとは、前に進むエネルギーのこと。この力が、なくなっていく。

その結果、もはや願望を持つこともできない。

だからこそ、願望拡大の旅が必要になります。

どんどん新しい本や雑誌を読んでください。

実際に旅に出かけても良いし、デパートのショーウインドウを眺めてもいい。

新しい人と出会う場に足を運んでみてもいいし、子供の頃に欲しかったおもちゃを思い切って買ってみてもいい。

とにかく、「くだらない」という言葉を使うのを禁止して、何でも経験してみること。

そうやって経験を積み重ねていくと、だんだんと生きるエネルギーが湧いてきます。

「あれもやってみたい！」「これも興味ある！」という風に思えてくるのです。

それが、「願望」です。**その願望が、あなたを突き動かす「やる気」になります。**

勉強においても同じことです。「何か新しいことを知りたい！」「留学をして新しい世界に触れたい！」まずはこんな強烈な「願望」を抱くことから始めましょう。

勉強への「やる気」が常に満ちあふれるようになると、勉強時間も増え、成果も出てくるようになります。

肉体がやる気に影響を与えているという事実を知る

私は今、インターネットを使ったオンライン受験指導を行っています。Macを使って仕事をする毎日です。

そうすると、どうしても肩凝りや腰痛といったパソコン作業特有の悩みを抱えることになります。外に出る機会も減るので、歩くことも少なくなり、運動不足の状態に陥りがち。

一時期、仕事が山積みだった頃、体のことは全く気にせずに、ひたすらパソコン作業を続けていたことがあります。一日中家にいて、ずっとキーボードを叩《たた》いていたのです。

そんな生活を1週間続けると、だんだんと気力が失われていくことに気づきました。

何もする気が起きない。Ｍａｃに向かうことすら億劫で、布団のなかからなかなか出ることができない。

そのときは、まず、自分を責めました。なぜ前に進まないんだ。布団にくるまって、なんて自分は怠け者なんだ！　と。しかし、自分を責めてもどうにもなりません。

そこで、方向転換をし、「何で自分はこうなってしまったんだ?」と考えました。そして、やっと「肉体」に目が向いたのです。

ずっとパソコンに向かっているため血液も上手く循環せず、肩も腰も肩甲骨もバキバキ。

もう、肉体は限界を迎えていました。

そこで、まずは軽く走ることを始めました。最初はたった10分ほどでしたが、外に出てのろのろと走り出したのです。

私は高校時代はサッカー部でバリバリやっていたのですが、情けないことに、10分走っただけで「ハアハア」と息切れするレベルにまで成り下がっていました……。

近所の整体にも行きました。カイロプラクティックを導入しているところがあったので、そこでお世話になることに。

そうこうしていると、だんだんと体が軽くなってくるのが分かりました。

仕事をしていても疲れなくなってくる。すると、仕事も楽しくなってくる。やる気も出てくるのです。

そのときに、**自分の肉体というものが、どれだけ心に影響を与えるか**、ということを知りました。肉体がボロボロになると、心もネガティブになっていきます。

肩が凝っているとか、腰が痛いとか、そういう状態のままでいると、だんだんと行動力が下がってきます。

これは、気合いとか根性の問題ではありません。「願望」の問題でもない。**願望があっても、肉体がボロボロでは、前に進むエネルギーが湧いてこないのです。**

だからこそ、意外に無頓着になりがちな肉体面に目を向け、きちんとケアをしてあげなくてはなりません。

「歩く」だけでやる気が生まれる!?

では、具体的に何をすればいいのか。難しいことはありません。

まずは、外に出て「歩く」ということを始めましょう。

もちろん、走ってもいいのですが、まだ体が慣れていない頃に走り始めると、疲れが出てしまって逆に勉強ができない、ということになりかねません。

20分～30分程度歩くことで、脳内でセロトニンという物質が生まれ、心の安定を得ることができる、というメリットもあります。

ずっと家にいて勉強ばかりで日光も浴びない、体も動かさないという生活をしていると、だんだん感情も乱れてきて、気晴らしをしたくなってきます。

そうなると、何か食べ物に手を伸ばしてしまったり、ゲームをしてみたり、漫画を読んでみたり、映画を観たりと、今すぐ感情を満たすようなことに手を出してしまう。

とにかく、最低でも1日に1回は外に出て歩く。もしくは、ゆっくりと走る。

そうすることで感情も安定し、血液が体を循環し、肉体も回復します。

勉強をしているときというのは、わずかな時間ももったいないと思ってしまって、なかなか肉体のケアに時間を使うことができないものです。

その時間があったら勉強をしたほうがいい、と。

しかし、実際には肉体のケアをきちんとしたほうが長期的に勉強を続けることができます。感情的に満たされ、幸せを感じながら勉強することができます。

歯を食いしばって懸命に勉強するのではなくて、幸せを感じながら、勉強を楽しんで結果も出すことができるのです。やらない手はありません。

私自身も、パソコン作業ばかりだった生活に運動を取り入れることで、劇ろ的に効率が良くなりました。いつもだったら仕事をする気がなくなるところでも、やる気を維持することができました。楽しく仕事をすることができるようになったのは一番の収穫です。

私の場合はまず、朝一で犬の散歩をします。犬と一緒に走るのです。愛犬と一緒に走ることで、感情も満たされていきます。

そして、お昼になると外に出て、15分~20分くらい軽く歩く。

夕方には、また犬の散歩に行く。そうやって最低でも合計3回、外に出てきちんと歩いているのです。

大げさなようですが、この習慣が、自分の人生を豊かにしたと確信を持って言うことができます。

筋トレをすることで長期間のやる気を維持できる

歩くことが習慣になった後は、筋力トレーニングです。これも、かなり重要な役割を担っています。

勉強するときには、じっと同じ姿勢でいるわけですが、そのときもある程度筋肉を使っています。同じ姿勢を保つためにも筋肉を使っている。

だから、**筋肉があまりにも貧弱になっていると、長時間の勉強に耐えることができないのです。**

私自身も、昔サッカーをやっていた頃と比べ、一日のなかで勉強や仕事に集中できる時間が減ってしまった時期があります。一見すると、スポーツをやめると時間ができるように感じますが、逆に勉強時間が減ってしまったのです。

サッカーをやっていた当時はそれこそ、一日中勉強していても苦ではありませんでした。なのに、肉体面を軽視していたときは、一日仕事をしたり勉強をしたり、ということがキツくなってしまっていました。ちょこちょこと休憩を入れないとキツイ。

同じ姿勢で同じことをすることに耐えられなくなっていたのです。

そのときに始めたのが、筋力トレーニングです。腕立て伏せ、腹筋、背筋を1日20回から始めていきました。

すると、筋トレをした直後は確かにちょっと疲れているのですが、少し時間が経《た》つと体の調子が良くなってくることが分かります。

体に元気が漲《みなぎ》り、何となくキビキビと動くようになる。姿勢も自然と良くなります。

そうやって筋トレを続けることで筋肉がついてくると、だんだんと仕事や勉強に長時間向かえるようになりました。

今では私は、朝昼晩と歩くことに加え、朝と晩に軽い筋力トレーニングをすることも欠かしません。もちろん、筋肉を休めるためにやらない日もありますが、継続的に筋力トレーニングを行っています。

筋トレという習慣のおかげで、パソコン作業をしながらも太ることもなく、健康的に仕事をすることができています。

人間関係とやる気は密接に関係している

次は、やる気と人間関係について。やる気と人間関係がどう関係するのか、と思うかもしれませんが、実は密接に関係しています。

人は、長期間孤独になってしまうと、生きる気力も失ってしまい、パワーが出ないのです。**人と心の通った交流ができないと、だんだんと行動する力**

が薄れていってしまいます。

私はオンライン上で受験生を指導しているので、以前は人と直接接する機会が多くありませんでした。すると、人と会話する時間が減ってしまったり、温かな人間関係を育むことができなかったりといった状況が生まれやすくなります。

孤独になるのです。

私自身、一人でいることは好きなほうなのですが、それでもずっと一人でいると、だんだんと心が元気をなくしていきます。

そうなると、仕事や勉強をする気にはならなくなり、映画を観たり、人がたくさんいるところに出向いてみたりと、自分が本来長期的に目指したいこととは違うことをやってしまいます。

実際、私のようにネットを使って仕事をしている人の多くは孤独に悩み、だんだんと本来の自分が目指す方向とは違う方向に進んでしまいがちです。

寂しさを埋め合わせるために人と会おうとしたり、誰かと遊んだりすることが第一になってしまう。

勉強する、というのも孤独な作業です。自分一人で勉強することがほとんど。

すると、私のように一人の時間が多くなって、人と会話する時間、人と豊かな関係を育む時間が持てなくなる。

結果、何となく元気が出ない、何となく寂しい、前に向かうエネルギーが生まれない、ということになってしまいます。**人間関係を疎《おろそ》かにしすぎると、前に進むエネルギーがなくなっていってしまうのです。**

例えば浪人生がやる気を失ってしまうパターンというのも、実は人間関係に問題があることが多い。人と会うことがなくなって刺激もなくなり、現状を維持し続けるだけの生活になってしまう、ということになりかねません。

そういうときにいくら肉体のケアをしたとしても、願望を強く持ったとしても、あまり意味はありません。

大事なのは、やる気を失ってしまった原因はどこにあるのかを考え、原因を的確につかんで、原因に応じた対処をすることです。

家族が行動へのモチベーションを与えてくれる

では、人間関係を大事にするとはどういうことかというと、一番は家族を思いやることです。一番近くにいてくれる、家族と心を通じ合わせる時間を持つことが大事になります。

最後の最後まで自分の味方でいてくれるのは、家族。一番の心強い味方は、家族なのです。

家族と一緒に暮らしている場合には、家族とたくさん会話をするようにしましょう。そのとき重要なのは、家族の幸せを願うことです。

自分が満たされることを考えるのではなく、家族が幸せになることを考えて接してください。家族を元気にすること、家族を幸せにすることを考えながら接すると、自然に自分も満たされてきます。

自分がやる気を出すために家族と会話すると考えるのではなくて、家族のことを本気で思って家族と接する。すると、元気になってやる気が出てくるのです。

勉強法の話をしているのに、何を言い出すのかと不思議に思うかもしれませんが、これは事実です。一度試してみてください。

私のケースでいうと、私の実家はものすごく狭くて、いつも家族が傍《そば》にいました。

勉強していると後ろからテレビの音がガンガン聞こえるくらいの、本当に狭い家だったのですが、不思議に集中して勉強することができました。

それは、今振り返ってみると、家が狭いことが幸いしてか、家族がいつも傍にいたからだと思います。家族が傍にいたからこそ、寂しさや孤独を感じることなく勉強することができた。

実際に家族が近くにいないときにも、家族の存在は大きな力になります。

家族が傍にいないのなら、頭のなかで家族のことを想ってください。彼らが幸せに暮らすために、自分には何ができるか考えてください。

人は、自分が満たされたいと思っているときには満たされず、誰かを満たそうとしたときに満たされます。

孤独な人というのは、自分の寂しい気持ちを誰かに満たして欲しい、といつも思っています。そして、そう思っているからこそ、満たされることがないのです。

自分が満たされていないときこそ、一度その気持ちを忘れ、誰かの幸せを願ってみる。そうすることで、どんどん自分の心が満たされていき、元気になっていきます。

実際に人と会って会話をすることも大事なことです。恋人に会って会話をしたり、友達と会話をしたりと、人と会って話すことは私たちに元気をくれます。

ぜひ定期的に人と直接会って話してください。その時間を軽視しすぎると、だんだんとエネルギー不足になってしまいます。

ただ、注意するべきなのは、自分の人生が退屈で、一人だと何となく寂しいから、その気持ちを埋め合わせるために人と一緒にいないといけないと思う、というケース。

その群れのなかにいれば寂しくないし、何となく安心感もある。しかし、その状況が前に向かうエネルギーを奪うこともあり得ます。心から楽しいと思えないのにダラダラと一緒に過ごしたり、勉強の時間を確保できなかったり……。

その場合には、人と一緒にいることがやる気を奪うことになってしまいます。

要は、バランスが大事だということ。

自分の状態を自分で客観的に判断し、状況に応じて、必要な対処法を取れば良い。

人間関係が勉強のやる気に関わるということは、これまであまりいわれてきませんでした。

しかし、ご自身の体験を振り返ってみても、人間関係の大切さが分かるのではないかと思います。今後は、人間関係にも目を向けてみてくださいね。

途切れることのないやる気を生み出す考え方

３６０度モチベーションメソッド、最後の要素は「考え方」です。

考え方がきちんとしていなければ、いつも感情に振り回されることになります。

何か人から言われたらそれを気にし、嫌なことがあったらネガティブになって勉強に取り組むことができない。そういう状況では、勉強が進まないのも当然です。

感情によって、人の行動は大きく左右されます。

感情が乱されてしまえば、その時点で勉強という行動を起こすことはできなくなってしまうのです。

例えば、学生のケースだと、学校で嫌なことがあってそのことをずっと引きずってしまい、勉強に集中することができない、やる気が出ない。

社会人の方だと、会社でのゴタゴタが原因で、勉強する気が起きないということがあります。

だからこそ、考え方を磨くことが重要になります。

私自身もよく、ネガティブに考える必要のないことをネガティブに捉え、感情が乱れてしまって、勉強や仕事に集中することができないことがありました。

しかし、これからお伝えしていく考え方を身につけることで、だんだんとネガティブに考えたり、感情が乱れたりということが減ってきました。

では、具体的にどういう考え方をすればいいのか。

まずは、**「全ては解釈次第」**と考えるようにして欲しいのです。

私たちは無意識に「良い」「悪い」という軸で物事を判断しがちです。

しかし、この判断が私たちの心を乱し、自信を失わせる原因になります。

例えば、何か失敗をした。でも、後になって振り返ってみると、その失敗のおかげで結局は上手くいった、なんてことはありませんか？

私の場合でいうと、現役のときの大学入試では、見事に不合格。失敗しました。

しかし、そのおかげで、より深く勉強法について考えるようになり、結果、オンライン学習プログラムを作ることができました。もし、あそこで合格してしまったとすれば、プログラムを作ることはできなかったのではないかな、と思います。

失敗したときには、その失敗をネガティブなものと捉えていたけれど、振り返ってみれば良いことだと思えるようになった。

出来事自体は変わっていませんが、解釈が変わって「良いこと」になったわけです。

こうやって考えてみると、自分自身がどういうフィルターを持っているかで、出来事の見え方は大きく変わることに気づくと思います。

あなたは今、どういうフィルターを持っていますか？

出来事そのものは、良いものでも悪いものでもありません。

どういうフィルターを持っているかで、見え方は大きく変わってくるのです。

「学びフィルター」で考え方は大きく変わる

ここでは、私自身にも、そして指導した生徒にも効果のあったオススメのフィルターをお伝えしたいと思います。

それは、**「学びフィルター」**です。

「学びフィルター」とは何かというと、「そこから何を学べるか？」という視点で出来事を見るということです。

出来事が起こったときに、そこから学べたことにフォーカスしてみるということ。

このフィルターを通して出来事を見ることで、出来事の良い面に自然に目が行くようになります。

もしくは、**「この出来事を通じて得られたことは何？」**というフィルターでも良い。

多くの人は、失ったもののほうに目を向けます。しかし、失うばかりの出来事というのは存在せず、そこには必ず得られたものがあるはず。

悪いと判断してしまうのは、出来事の悪い面ばかりを見てしまうからです。

そう考えていくと、出来事によって自分の感情が乱されることが減っていきます。出来事の悪い面ばかりを見る癖がついているから、感情が乱されてしまうだけです。

そもそも、「良い」「悪い」という判断も、周りの環境や時代、人々の考え方によって変わっていきます。

昔は良かったものが、今では悪いと判断されることもたくさんあります。

例えば、昔は大企業に勤めることが良いとされていました。

しかし、今ではどうでしょうか？　大企業であっても、いつ倒産するか分かりません。逆に大企業の場合、時代の変化についていけない、ということも起こっています。大企業に勤めることが必ずしも良いことばかりではない、という風に考えられるようになってきたのです。

時代の変化によって、良い悪いの判断が逆転しています。良い悪いの判断は、所詮はその程度のものなのです。だったら、いちいち出来事を「悪い」と判断してネガティブになることはありません。

行動は感情から生まれます。ネガティブな感情を持ってしまうと、行動がストップしてしまう。

だからこそ、フィルターを変えることが重要になってくるのです。

不満や愚痴のない「やる気満々の自分」になる

次に大事なのが、**自分にコントロールできることと、コントロールできないことを分ける**、ということ。

実は、私たちがコントロールできるものは、たった一つしかありません。

それ以外は、コントロールすることは一切できないのです。人が悩むのは、本来はコントロールできないものを無理矢理コントロールしようとするからです。

コントロールできないものをコントロールしようとしても、所詮は無理な話。

不可能なことをやろうとすると、不満や愚痴というものが生まれます。

大事なのは、自分が唯一コントロールすることができるものは何なのかということを深く理解し、そこにフォーカスをして毎日を過ごすということ。

では、私たちがコントロールすることができる唯一のものとは何か。

それは、自分自身です。

自分自身以外をコントロールすることは私たちにはできません。

例えば、他人。

誰かをコントロールして自分を好きにさせようとしても、それはできません。できることは、自分自身が自ら魅力的な人に「なる」ことです。

相手をコントロールしようとするから、イライラが募り、理不尽な思いを抱えることになります。

友達や知人との関係においてもそうで、相手がネガティブなのが嫌で、無理矢理ポジティブな人に変えようとしても、それはできません。

できるのは、自分がポジティブになって、相手にポジティブな質問を投げかけたり、ポジティブな言葉をかけたりすること。

そうやって自分をコントロールしていくことで、自然に相手も「変わる」のです。

自分が相手を「変えた」のではなく、自分が「変わる」ことで、相手も「変わった」ということなのです。

自分自身をコントロールして相手に影響を与えることはできますが、相手を無理矢理「変える」ことはできません。

世の中には、自分にコントロールできないものは無数にあります。

まずは、そのことを理解すること。そして、コントロールできるのは自分だけなのだと知ることが大事になってきます。

例えば、毎日「何が起こるか」ということもコントロールすることはできません。

今日こそは勉強しようと思っていたのに、突発的に何か望ましくないことが起こる、ということばかりです。

ただ、自分自身はコントロールすることができる。

起きてしまった出来事に一喜一憂して勉強のやる気をなくすのか。それとも自分をコントロールし、すばやく対処して勉強の時間をきちんと確保するのか。あなた次第です。

つまり、その出来事に対してどういう反応をするのか、どういう感情を持つのかということは、コントロールすることができるのです。

大事なのは、「自分自身をコントロールすることはできるのだ」と知るということ。

そして、そうやって自分自身をコントロールしていくと、不思議なことに周りの状況も良くなっていきます。自分自身にフォーカスし、自分自身を良い状態で保っていると、周りも自分が望む状況になっていき、好ましい出来事も起こるようになります。

全ては、自分自身をコントロールするところから始まるということです。

とにかく、自分自身にフォーカスしてみましょう。

周りで何が起ころうとも、それをコントロールしようとするのではなく、どんな出来事が起こっても動じず、良い状態を保つことができる自分に「なる」よう意識してみてください。

そうすることで、ポジティブな感情を保つことができます。机に向かう前に余計なことに頭を悩まされることがなくなり、やる気満々で勉強に取り組むことができるようになる。その結果、勉強で成果を上げることもできるようになるのです。

第4章

結果を出すための「集中力」を高める技術

集中できなければ、「形だけの勉強」になる

勉強において一番重要なのは、勉強にかけた時間でも勉強した量でもありません。

その時間に「何を学んだのか」ということです。

集中できないまま勉強しても、形だけの勉強になってしまいます。時間や労力を費やしたにもかかわらず、結果を出すことはできません。

勉強において一番怖いのは、その勉強が「形だけ」になってしまうこと。

毎朝眠い目をこすりながら早起きをして勉強したとしても、眠気が覚めずウトウトしながらの勉強だったら、頭には何も残りませんよね。

しかし、それでも「勉強した」という事実だけは残ります。たとえ頭には何も残っていなかったとしても、その事実は残る。

集中して勉強していなくても、一応机には向かっていたわけですから。その事実があるからこそ、勉強したと思い込んで満足してしまうわけです。**集中していなければ、そこで学んだことの多くは頭に入っていません。**ただの無駄な時間になってしまうのです。

だからこそ、この「集中力」という要素は、勉強する上で絶対に外すことができません。

集中していたら1時間で終わることも、集中力がなければ半日かかってしまうこともあります。

それなら、集中して1時間で終わらせて、他の時間は遊んでしまったほうが、よっぽど有効な時間の使い方をしているといえます。

一億総無集中力時代！

実は今、私が思うところ、世界は歴史上最も集中しにくい時代になってしまっています。その集中しにくさは、常に最高記録を更新し続けています。

では何が、私たちの集中力を奪っているのでしょうか？

その一つが、ツイッターやフェイスブック、ＬＩＮＥといった「ＳＮＳ」です。

あなたも、四六時中ＳＮＳが気になってしまい、ついつい見てしまって集中が続かない、という経験がありませんか？　どれくらい「いいね！」の数がつくかが気になって頻繁にフェイスブックを見てしまったり、友達のツイートが気になって、これまたツイッターを何度も見てしまったりしてしまう。

そうなると、だんだんと目の前のことに集中することができなくなってくるのです。

その風潮に拍車をかけたのが「スマートフォン」の登場でした。今や待ち時間があればスマホを触ってSNSを見る。勉強時間であっても、ついつい見てしまう。

ビジネスマンであれば、スマホがあればパソコンに届いているメールをチェックすることができるので、ちょこちょことメールチェックをしてしまったり……。

人は、何かが気になっていると、目の前のことに100%集中することができません。SNSのことがいつも気になっていると、勉強にも集中できません。少し難しいところにさしかかってくると、すぐに勉強を中断してSNSを見る、ということに陥ってしまうのです。

さらに、映画や漫画や本も、スマホ一つあれば楽しめるようになってしまいました。ゲームも非常に充実しています。時間を潰すことがものすごく楽しくなった一方で、無集中力状態にさらに拍車がかかるということが起こってしまっているわけです。

難しい勉強をするよりも、スマホでゲームをしているほうが面白い。漫画を読んでいるほうが楽。となると、難しく、時間のかかることにコツコツと取り組んでいくことが、どんどん苦手になってきます。

あなたにもこんな覚えはないでしょうか?

勉強するつもりで、時間もたっぷりとあったのだけど、気づいたら一日が終わってしまっていた、という経験。

これは、自分が本来やるべきことではなく、SNSやゲーム、さらにはネットサーフィンなどで時間を潰してしまった結果、一日のなかでやるべきだったことができなくなったからです。

私たちの生活は、どんどん集中しにくい状態になっています。

自分が本当にしたい行動ではなく、「暇を潰すための活動」に時間を奪わ

れ、集中することができないでいる現状。

このままでは、一つのことに集中する力がどんどんなくなっていきます。

集中できなければ、活動効率は上がらず、さらに時間を無駄にするようになります。すると、勉強で結果を出すという目標達成も困難になってしまいます。

「時間のブロッキング」で徹底的に無駄な時間を排除する

集中力を失わないために必要なこと。それは、**「時間のブロッキング」**です。

ブロッキングとは何かというと、時間をブロックして、やると決めた活動のみに集中し、他の活動を徹底的に排除する方法です。

例えば、14時～16時までは読書の時間。16時～17時まではジムで運動。

このように、あらかじめ何に時間を使うかを決めておき、他のものは徹底的にブロックすることをこう呼んでいます。

大事なのは、〝徹底的に〟他の活動を排除するということです。ここを中途半端にしてしまうと、意味がありません。

とにかく、何かと何かを同時進行でやる癖を矯正する必要があります。

何か2つ以上のことを同時に行うことを「マルチタスク」といいますが、このマルチタスクを徹底的に排除するのです。

何かと何かを同時進行でする。それは一見効率的なことに見えます。しかし実は、これこそが諸悪の根源なのです。

同じ時間に2つ以上のことをやるマルチタスクが習慣化した結果、集中力は分散してしまう。

クオリティは下がり、結局何も達成することができなくなってしまうのです。

時間をブロッキングするというのはまさに、このマルチタスクを一切行わない、ということを意味します。

決めた時間には決めたことだけをやる。それ以外のことはやらない。

SNSが気になるなら、その時間も決める。朝と夜に30分ずつ時間を取る。そういう形で自分のルールを決める。

ビジネスマンのメールチェックもそうです。

スマホのおかげでいつでもメールチェックをすることができるようになりましたが、何か仕事をやっているときにメールをチェックすると、意識がそちらに向かってしまいます。さっきまでやっていた仕事に集中できなくなってしまうのです。

時間になるまではメールのチェックもしないし、SNSのチェックもしない、と決める必要があります。

これだけで大変な効果があります。

今まで自分がいかに集中していない状態で勉強してしまっていたのか、ということがよく分かるはずです。

スマホやSNSに時間を奪われ続ける人生とは、一刻も早くおさらばしましょう。

「集中力＝環境×肉体×技術×感情」という公式を覚えなさい

では、どうすればより集中力は高まるのでしょうか。

実は、集中力には公式が存在します。その公式を知り、公式通りに行動すれば自然に集中力は高まっていきます。

では、集中力の公式とは一体どういうものか？　それは次の公式です。

「集中力＝環境×肉体×技術×感情」

この公式のポイントは、各要素がかけ算でつながれていること。つまり、どれか一つでも要素がゼロになってしまうと、集中力もゼロになってしまうということです。

環境が１００、肉体が１００、技術が１００でも、感情が０なら、集中力はゼロになってしまいます。

例えば、すごく嫌なことがあって、そのせいですごくイライラしている状態だとしたら、集中して勉強することはできませんよね。

逆にいうと、各要素を少しずつでも磨いて良いものにしていくことで、自然に集中力は上がっていくということです。

集中できないときにはこの公式を思い出せば、何が問題なのかということも明確にすることができます。

集中力が下がってきたとしても、すぐに集中力を取り戻すことができるのです。

やる気にしても集中力にしても、多くの場合、何が問題なのかということが分かっておらず、解決策も打てないことこそが問題なのです。

こうやって具体化、細分化をしていくことで、何を改善するかも容易に理解できるようになります。

それでは、各要素をより具体的に見ていくことにしましょう。

自分が集中しやすい環境、知っていますか？

まずは、「環境」。

勉強するときの環境というのは、非常に大事です。

例えば、工事現場がすぐ近くにあって、重機やドリルの音が「ドドド!!」と聞こえてきたらどうでしょうか?

あまりにも暑くて、額から汗がポタポタと落ち、ノートにシミができていたら?

机や椅子の高さが合わず、何となく気になる状態だったら?

机の上が散らかりっぱなしで、毎回わざわざ「よっこらしょ!」と、本を読むスペースを確保しなければならないとしたら?

そういう環境の下では、なかなか集中することができないと思います。

そう、実は普段の環境というものが、集中力に影響を与えているわけですね。

だからこそ、環境を整えていくことが必要になります。

重要なのは自分にとっての「集中環境」を知ることです。人によって集中することができる環境というのは違います。

一人になって黙々とやっていくことが好きな人もいれば、カフェのような公共の場にいるほうが集中できる人もいます。

私の場合は、気分によって使い分けています。

朝はお気に入りのカフェに出かけていつものモーニングを食べ、そこで1時間ほど仕事をします。そして仕事場に戻ってそこで2時間ほど仕事。お昼ご飯は外に食べに行って、その後はそのときの気分で働く場所を選びます。自宅に戻ることもあれば仕事場にいることもあるし、カフェに移動しているときもあります。ただ、カフェに行くにしても、静かで落ち着いた雰囲気のあるところが好きなので、そういう場所をいくつか把握しています。

ギャルが「超やばいんだけど！」と言って幅を利かせている店は、騒がしくて好きではありません。少し値段が高めでも、落ち着いた雰囲気があり、集中することができる環境を選ぶようにしています。

さて、あなたはどういう環境でなら集中することができるでしょうか？

一人のほうがいいですか？　公共の場のほうがいいですか？　一つの場所に留まってやるほうがいいですか？　いくつかの場所を移動しながらのほうがいいですか？

自分の「集中環境」はどこにあるのか、ということをぜひ考えてみてください。

最低限、これだけは揃《そろ》えておいたほうが良いと思うことを挙げてみます。

- 自分に合った机と椅子の高さにする（個人的には低めのものがオススメです）
- 机の上の整理整頓
- 勉強する部屋の整理整頓（家で勉強する場合）
- 騒音がしない場所
- 誘惑（テレビ、ゲーム、漫画など）が少ない場所

・使いやすい筆記用具
・気温は適温を保つ
などなど。
集中できないときは環境に原因があることも多いので、注意してみてください。

肉体の進化が集中力を高める

「やる気」のところでもご説明しましたが、肉体の進化も集中力には関わってきます。

私が主宰している受験コーチングプログラムでは、「オンライン勉強会」というものがあります。そこでは、受講生みんなでオンライン上で一緒に勉強していく時間を設けています。

「50分勉強、5分休憩、50分勉強」という形で進めていくのですが、その5分の休憩中に必ず行うことがあります。

それは何かというと、「ストレッチ」と「筋トレ」です。

この休憩法を取り入れてから、受講生の集中力も格段に向上しました。

5分の休憩の間に、私も一緒になってまずはストレッチをします。アキレス腱《けん》を伸ばしたり、肩の凝りを取る運動をしたりと、みんなで同じストレッチを一緒にやっていきます。一つの運動につき、30秒間は行うようにしています。

その後、全員で筋トレ。腕立て伏せ、腹筋、背筋を各自のレベルに合う量やってもらいます。

とにかく、休憩時間には肉体のケアをするのです。

勉強というのは、肉体にとってみればあまり良くない活動です。一切体を動かさず、近くの小さい文字を見て、血流も悪くなる。体力も落ちる一方。

だからこそ、意識的に肉体をケアする時間を取ることが重要なのです。

ストレッチ&筋トレを真面目にやると、すごく面白いことが起こります。何と、後半の50分のほうが集中して勉強することができるのです。

普通に考えれば、後半の50分は疲れが出て集中が途切れそうなものです。しかし、後半のほうが集中力は上がり、時間が短く感じられるという人が続出します。

肉体のケアというものが、集中力に多大な影響を与えているということです。

勉強しているときは特に、肉体面に目を向けてください。ケアしないでいると、どんどん集中力は下がっていきます。

肉体は人間の資本です。それなしではやっていけません。しっかりと毎日ケアをしてあげることが大事なのです。

必ず期限を設けて集中力を爆発的に上げる

集中力を高めるには、いくつかの「技術」があります。それらの技術を使うことで、集中力は爆発的に高まっていく。

まず、集中力を発揮するときに重要なのが、「期限」です。

人は期限があるものに対しては集中力を発揮することができ、期限のないものに対しては集中することができません。

あなたにも経験があると思います。学校の課題などで、提出日ギリギリになって一気に集中力を発揮し、その課題を終わらせたことが……。

「期限」というものが集中力を発揮するカギになる、ということがお分かりだと思います。

やることには、全て「期限」を設けてください。

いつまでにやるかを明確にし、それを手帳に書いたり、スマホにシュッシュと打ち込んだりしてください。

期限を決めないと本当に人は動かないものです。たとえ大好きなことであったとしても、人は期限がなければ動けません。

私は今、自分が求めていた大好きな仕事をすることができています。しかし、それでも期限がないとなかなか動けず、どうしても後回しにしてしまうこともあります。

そういうときには、必ず自分で期限を作って、その期限を意識して「今日やること」を決めます。そうやって自分自身に期限というプレッシャーを与えることで、前に進むことができるのです。

さらに、私がいつも行っているオススメの方法をご紹介したいと思います。

それは、一日のなかにも期限を設けることです。

具体的には、一日を午前、午後、夜の3つのタームに分けます。

そして、**「午前中にすることリスト」「午後にすることリスト」「夜にすることリスト」**を書き出します。

多くの人は「一日にすることリスト」を作ってしまうのですが、それでは期限が長すぎて、どうしても無駄な時間を過ごしてしまうものですし、いつもリストのことが頭にあって落ち着くことができません。

しかし、一日を3つのタームに分けると、「午前中に終わらせる」といったよりさしせまった期限が生まれるので、集中力の増した状態で過ごすことができます。

もし「午前中にやるべきこと」が全部終わったときにまだ朝11時だったら、午後まではゆっくりできますよね。

午後やるべきことは午後に回してあるわけですから、早めに終わらせることで、ゆったりとした落ち着いた時間を過ごすこともできるのです。

ぜひ、あなたの勉強においても、やるべきことに期限を設けてください。

集中力が一段と高まるはずです。

脳の異なる部分を使う作業をローテーションする

集中できない大きな原因の一つに「飽き」があります。

最初は集中できていても、飽きてくるとどうしても集中力が落ちてきてしまうのです。好きなことであったとしても、あまりにも長時間同じことをやり続けると、だんだんと惰性になってしまうもの。

だからこそ、「刺激」が必要になります。しかし、ここで間違ってはいけないのは、自分が本来やるべきでないことを刺激にしてはいけないということです。

例えば、ゲームをする、映画を観《み》る、友達と電話する……。

そういった休養も、もちろんときには必要なのですが、毎回そういう形で刺激を求めていると、時間が浪費され、前に進まなくなってしまいます。

そうではなくて、あくまでも勉強のなかで自分に刺激を与えるのです。

勉強のなかで自分に刺激を与えるというのは、どういうことか。

それは、**脳の異なる部分を使う作業をローテーションする**、ということです。私の仕事では、Ｍａｃを使って文章を書くことが多いのですが、その他、動画の撮影、音声の録音、ＵＳＴＲＥＡＭを使った指導、本を読んでの勉強など、様々なことを行っています。

ローテーションするとはどういうことかというと、まずは文章を「書く」ことをやって、次に本を「読む」ことをやり、その次にカメラに向かって「話す」ということをやる……。

つまり、**「書く」「読む」「話す」ということをローテーションさせているのです。**

そうやってそれぞれ脳の違う部分を刺激しながら、仕事をすることを意識しているのです。

そうすることで、飽きが来ません。

同じ作業を続けるのではなく、脳の同じ部分を使うような作業を続けるのでもなく、新しい刺激を与えるような作業を行うようにしているということです。

例えば、ブログを書いたとします。そしてその次の仕事に「メルマガを書く」ということを選んだとしましょう。

このとき、ブログを書くことからメルマガを書くことへと移行しているので、やっていることは一見すると、変わっています。

しかし、「文章を書く」という本質の部分は何も変わっていません。

だんだんと飽きが出てきて、新鮮な気持ちで書くときよりも、質の低い文章になってしまうこともあり得ます。

そうではなく、同じ種類の作業が続くことは極力避ける。書いたら、次は読む。読んだら、次は話す。または、人に会う。同じ活動を続けるのではなく、本質的に異なる活動をする。

そうすることで、無駄な時間を過ごすことなく、高い集中力を維持することができるのです。

英語の勉強をするなら、まずは音読をしてみる。飽きたら、英作文を書いてみる。次はリスニング……と、脳の異なる部分を刺激するような順番を意識してみる。

ぜひ、試してみてください。

マルチタスクが「集中力筋」を弱くする

集中したいなら、前述したように、同時進行で作業をしないことです。何かをするときは、その一つのことだけに集中して取り組んでいくようにします。

スマホをチラチラ見ながら勉強をしたり、SNSで連絡を取り合いながら勉強をしたり。テレビを観ながら、他のことを考えながら……など、今やっていること以外のことを行えば行うほど、集中力は下がっていきます。

そういうことを続けているうち、だんだんと集中できる時間も短くなっていきます。

どんどん「集中力の筋肉」が弱まっていくイメージです。

集中力にも筋肉があって、鍛えていけばどんどん高まっていくのですが、使わなければ使わないほど、集中力もなくなっていきます。

同時に何かをする癖がつけば、一つのことに集中したいときに集中できなくなり、結果、形だけの勉強になってしまいます。当然、結果を出すこともできません。

先ほども述べたように、マルチタスクの癖がついてしまっている人が多い。それでは、いつも意識が目の前のことに向かず、真剣に取り組むことができません。

一番良いのは、一つ一つのことに集中し、最速で一つ一つを確実に処理していくこと。マルチタスクで同時に進めるのではなく、一つ一つに１００％の力で取り組み、確実に終わらせていくこと。

そうすることで一つ一つのクオリティも上がります。集中して取り組むことができれば、その作業を「楽しい」と感じることさえできます。

集中して取り組めば取り組むほど、楽しさを感じることができる。意識を一点集中させて、目の前のことに１００％の力を使う。

そうすることで集中力が発揮され、その時間の質も上がり、また楽しさを感じることもできるようになってきます。

感情が乱れていたら、集中できない

最後の要素は「感情」です。感情が乱れ、ネガティブな状態になっていると、人は勉強や仕事に集中することはできません。

例えば、彼女にふられて悲しくてしかたがない。その状態で集中して勉強することができるか、というとなかなか難しいと思います。

友達にひどいことを言われ、それが心に残っていて「はあ、自分はなんてダメな人間なんだ……」と思っていたら、集中して目の前のことに取り組むことなどできません。

感情が乱れると、そのまま集中力の低い状態につながります。

感情の乱れが、集中力低下のダイレクトな原因になるのです。

だからこそ、感情と上手《うま》く付き合っていく必要があります。

いつも感情が乱れていて、少しのことでネガティブな気持ちを抱えてしまうようだと、なかなか集中することができません。そもそも、前向きな行動を起こすこともできなくなってしまいます。

では、どうすれば感情を前向きなものにして、高い集中力を発揮することができるのか。

まずは、「やる気」の章でもお伝えしたように、とにかく「歩いたり走ったりして運動をすること」です。

一見、感情とは何の関係もないように感じるかもしれませんが、運動することで感情をポジティブにすることができます。血行も良くなり、眠気も覚めます。

運動は、集中力を高める上で、最強の手段なのです。

運動するだけで、感情をポジティブにすることができる。嘘《うそ》のように思うかもしれませんが、実際に外に出て15分～20分続けてみてください。すごく気分が良くなって、前向きな気持ちになることを実感できるはずです。

これには科学的な根拠もあります。15分~20分運動をすることでベータエンドルフィンという神経伝達物質が分泌され、その働きによって気分が高揚したり、幸福感を抱くことができるのです。

運動することで感情がポジティブになる根拠は、ここにあります。

感情がネガティブになってしまったときは、うじうじ考えるのではなく、運動してみてください。

悩みを「顕微鏡」で見ない

感情がネガティブになってしまうのは、ネガティブなことで頭をいっぱいにしてしまうからです。特に多いのが、本当は「10」の悩みなのに、その悩みを過大に捉えてしまって、自分で「100」にしてしまっているケース。

悩みを「顕微鏡」で拡大してしまっているようなものです。

本当はそれほど悩むことでもないのに、悩みを大きなものと捉えることによって、自分で自分を苦しめてしまっているわけです。

そういうときに有効なのは、「比較」をすることです。

例えば、仕事でミスをして上司に怒られてしまったとしましょう。「上司の期待を裏切り、上司に認められなくなってしまった」と悩んでいるとします。そのときに、こう考えてみて欲しいのです。

「上司の期待を裏切ることと、大好きな彼女の期待を裏切ってしまって、彼女の信用を失ってしまうことと比べたらどうかな？ そっちのほうが嫌だ。そう考えたら、上司に一度怒られたくらいなんだ。またやり直せばいい。上司に怒られることは全然、最悪じゃない」

そうやって、今の自分の悩みを相対化してみる。もっと悪いケースを考えてみる。

すると、自分の悩みというのが、本当はそこまで大きなものではないということを理解することができます。悩みを拡大することがなくなるのです。

さらにいえば、本当の最悪は「死」だと思います。本当に深刻なのは命を失ってしまうことであって、ほとんどの悩みは、命を失うほどのものではありません。

そう考えることで「今、生きているじゃないか。家族だって健康で元気だ。それで十分じゃないか。今の悩みは、本当はそこまで悩むことではない」と思えるようになります。

今の悩みと、本当に最悪のケースを比較してみる。

すると、今の悩みを拡大することがなくなります。顕微鏡で見なくなる。そうすることで、感情が必要以上にネガティブになることもなくなるのです。

とにかく今すぐ感謝する

感情がネガティブになるのはどういうときか。

それは、感謝を忘れたときです。

感謝を忘れ、現状に不平不満を抱え、それを責めることで人はネガティブになっていきます。

本来感謝とは、何か良いことがあったからするものではありません。

今どういう状態であったとしても、何が起こったとしても、感謝する。

そうすることで、感情が乱れることはなくなります。全ての出来事には良い面もあれば、悪い面もある。

一見良いと思えることにも悪い面は潜んでいますし、悪いと思われることも長期的に見れば良いことだった、なんてことはたくさんあります。

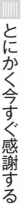

要は、自分がどこを見るのか。良い面を見るのか、悪い面を見るのか。ただそれだけのことに過ぎません。

そして、感謝をするとはどういうことかというと、「いつでも良い面を見る」ということです。

「感謝=物事の良い面を見る」ということ。

今の状況にまず感謝をしてみる。「ありがとう」と思ってみる。

すると、今の状況の良い面が見つかります。

一見嫌なことが起こっても、まず「ありがとう」と言ってみるのです。すると、その出来事の良い面が自然と見えるようになります。

感謝をする人とは、いつも良い面を見ている人。ネガティブになることがありません。

逆に、感謝を忘れた人は、いつも物事の悪い面を見ます。だから、感情がネガティブになっていくのです。

感情がネガティブになってしまったら、まず感謝しましょう。感謝できることを探してみてください。

家族が元気でいること、健康で生きていること、好きな人、大事に思える人が存在することなど、感謝すべきことは山ほどあります。そしてそれらは当たり前のものではありません。

そういったものが「当たり前」のことだと勘違いしたとき、感謝の気持ちは薄れます。当たり前ではないものを、当たり前ではないと思える心を持つこと。

その心を持ったとき、ネガティブな感情も消えていきます。

第5章

結果を出すための「継続力」を高める技術

どうすれば、あなたは勉強を続けることができるのか？

勉強で結果を出すためには、勉強を「継続」させる必要があります。

勉強というのはすぐに結果が出るものではなく、ある程度の期間続けることで成果が出てくるもの。

継続することができなければ、結果を出すことはできません。

しかし、勉強する上で、この「継続」の壁は最も高いものだといえるでしょう。

多くの人が、勉強が重要だと思ってはいても、勉強が続けられずに悩んでいます。

続けることさえできれば、知識も増え、スキルアップもできることは分かっているのに、どうしても継続することができない。

「朝起きて勉強しよう！」と決意して、1日目、2日目は何とかなっても、3日目になると「ムニャムニャ、今日は休憩しないと。無理をするのは良くないしね……」と上手《うま》く言い訳を考え出して、朝早く起きて勉強することをやめてしまいます。

しかし、まず心しておいていただきたいのは、**「継続しなければ意味はない」**ということです。

この事実を脳に叩《たた》き込むこと。まずはそこからです。

勉強にしても何にしても、継続することによって初めて意味を持つ。そういう強い意識を持つこと。

多くの人は、継続することがそこまで大事なことだと認識していません。「継続？　ああ、大事だよねえ。何事も続けないとねえ」と口では言うのですが、本気でそう思っている人はあまりいません。

強く認識していないので、それだけ継続するエネルギーも少ないのです。

しかし、考えてみてください。

世の中で何か突出した結果を出している人の特徴は何でしょうか？　それは、一つのことを継続している、ということです。

一つのことを何年も何十年もやってきた。だから、もはや他の人がちょっとくらい努力をしたところで、追いつけないレベルになっています。そうなったら、もう敵はいませんよね。

人が周りとは違う結果を出すときには、必ず「継続」による積み重ねがあります。

逆に、継続する力のない人が、何かの分野で圧倒的な結果を出すことはできません。

継続することができれば、継続した分だけ高いところに行けます。それは、誰も追いつけない、ということ。

一朝一夕でできたことは、他の誰かだって真似《まね》をすることができるかもしれません。

しかし、何年も続けて学んできたのであれば、それは誰も追いつくことのできない「力」となって、あなたのなかに蓄積されていきます。

継続こそが、力となるのです。

とにかく、人生を変えようと思えば、継続することが大事だということ。

だからこそ、勉強を継続するためのノウハウ、マインドセットをしっかりと持っていただきたいと思います。

ありとあらゆる「心理的ハードル」を取り除け！

では、具体的にどうすれば勉強を継続させることができるのでしょうか？

まず重要なのは、**「ハードルを取り除く」**ということです。

ここでいうハードルとは「心理的なハードル」のことをいいます。

つまり、「やりたくないなあ」「気が重いなあ」と思うようなこと。

勉強を継続することができないのは、勉強が心の負担になっているからです。

勉強に取り組むことに対して、心理的なハードルを感じているのです。

特に勉強を始めた最初の頃というのは、勉強は習慣づいていません。新しく学んだ未知のことであれば、理解するにも時間がかかる。

すると、脳が「分からない」と感じて、どんどんその勉強をやりたくなくなってしまいます。

脳は理解できないものを拒否するのです。

その結果、勉強を継続させることができなくなってしまう。そうならないためには、とにかくハードルを取り除くこと。

ハードルを取り除くことで心理的な負担が少なくなり、勉強に取りかかる

ことができるようになります。

では、具体的にどういったハードルを、どういった方法で取り除けばいいのか。

最初に「理解できない」というハードルを取り除いていきます。

勉強内容が理解できなくて、なかなか前に進めない。分からないから苦労する。すると、その勉強対象がどんどん嫌いになって、勉強する気を失くしてしまいます。それが心理的なハードルになってしまうのです。

そうならないためには、「できることから始める」ということが重要です。**最初の頃は無理に難しいものをやらない。勉強が習慣化するまでは意識的に難しいもの、苦手なもの、理解できないものは排除していく。**

まずは理解できるレベルから始めていきます。

目指すべき到達地点が高いところであったとしても、スタート地点は、できる限り低くする。

まずは「継続すること」が目標だからです。

いきなり難しいものをやって続かなくなってしまえば、それ以上先に進むことはできないわけですから。

最初は、できることからやる、と割り切ってしまえばいい。

できることをやっていると、自然に「もう少し難しいものに取り組んでみたいな」と思うタイミングが来ます。

そのときには、遠慮することなく、少しレベルの高いことにも挑戦してみてください。「やりたいな」と思うその気持ちを逃さないことです。

できることをやって継続力がついてくると、自然に少し難しいものを求めるようになります。

そうなったら、難しいものにも挑んでいけばいいのです。そうやって、スムーズに勉強のレベルが上がっていく。

それこそ、勉強においての理想的な形です。

「時間を超スモールステップ化」して自分を乗せる

もう一つ、「超スモールステップ化」という技術があります。

これは勉強以外でも使えるスキルです。とにかくこなしたいと思う行動を超スモールステップにする（小さいステップに分ける）のです。

例えば、勉強という行動を取りたいのであれば、いきなり「1時間勉強しよう」とするのではなく、「10分でいいから勉強しよう」と思う。

これは、「時間」を超スモールステップにしているわけですね。いきなりまとまった時間を取ろうとすると、心理的なハードルが高くなってしまいます。

繰り返しますが、継続するときに大事なのは、とにかく心理的なハードルを下げることです。

だから、まとまった時間を取ろうとするのではなく、10分でいいんだ、と思うようにする。そうすると、「10分でいいなら」ということで、とりあえずスタートを切ることができるようになります。

人間には「作業興奮」という脳の働きがあります。**何かの作業を開始すると、だんだんと気持ちが乗ってきて、やる気も高まっていくのです。**

勉強を始めることさえできれば、ある程度「乗って」きて、勉強を続けることができます。

つまり、実は一番厄介なのは、「勉強への取っかかり」。

最初の取っかかりさえ上手くいってしまえば、後はスムーズに勉強に向かっていくことができます。

だからこそ、最初からまとまった時間、勉強しようとしない。「10分でいい」と思って始める。もし10分やってもまだやる気になれなかったら、本当に一回勉強を中断してもいいのです。

そしてまた同じことをする。また10分だけやってみる。乗ってきたら、続ける。乗らなかったら、やめる。

そうすると、だんだんと勉強に対する抵抗は減っていきます。

「行動を超スモールステップ化」して「取っかかり」をつかむ

また、「行動の超スモールステップ化」も有効です。行動それ自体を超スモールステップにしてみるのです。

例えば、「勉強できなくてもいいから、とにかく机に向かおう」と。

勉強することを目標にするのではなくて、机に向かうことをまずは目標にする。

次に、机に向かったら「とにかく参考書を開いてみよう」という形で、参考書を開くことを目標にします。

それができたら、目の前の文章を読むことを目標にする。

そして次は、問題を1問だけ実際に解くことを目標にします。

そうやって目の前にあるものをこなしていく。

最初から大きなことを考えるのではなくて、超スモールステップにして一つ一つをこなしていくのです。

これは勉強だけではなく、様々なことに応用することができます。

例えば私はブログやメルマガを書いているのですが、書くときには「まずは1行書こう。1行だけでいい」と思うようにしています。

ただ、実際に1行書いてしまえば、後はスルスルと文章を書くことができます。

文章を書き始める取っかかりさえ何とかすれば、後は流れで書き続けることができて、むしろ中途半端で終わることのほうが嫌になってきます。

こういう状態になれば、継続することは簡単です。要は、最初の取っかかりをつかむ。そのために、超スモールステップの技術を使って心理的なハードルを下げる。

そうすることで行動し始めることができ、作業興奮も手伝って、勉強を続けることができるわけです。

勉強が習慣化するまでは、無理をしないこと。いきなりハードルを上げすぎないこと。いきなり100キロのバーベルを持ち上げられないのと同じで、まずは10キロから始める。1キロでもいい。自分のできるところから始めていけばいいのです。

多くの人は、一気にハードルを上げてしまうがゆえに、継続することができずにいます。

心にも筋肉があるとイメージしてください。勉強する習慣のない人がいきなり3時間勉強するというのは、全く運動をしていなかった人が、いきなり100キロのバーベルを持ち上げようとすることと同じです。

それでは継続できなくて当然。**あらゆる心理的なハードルを取り除き、超スモールステップ化することによって、勉強を継続することが可能になっていきます。**

小さな一歩を愛する

勉強を継続する上で大事なのは、ほんの少しでもいいから毎日勉強を続ける、ということ。勉強するという習慣を自分にとって「当たり前」のものとすることが大事になってきます。

そのためには、長時間でなくてもいいので、とにかく毎日続けるということがポイントになります。

しかし、**勉強がなかなか続かない人の特徴として、「小さな行動を評価できない」というものがあります。**

どういうことかというと、勉強するとなったら最低でも1時間は勉強しないといけない、とか、運動するのならジョギングを最低でも3キロはしないといけない、などという風に考えてしまうということです。

つまり、小さな行動には意味がなくて、まとまった行動を取らないとダメだ、と思い込みすぎてしまっているのです。

これでは、なかなか勉強を継続することができません。なぜなら、実際にはまとまった時間というのはそう簡単に取れるものではないから。さらに、まとまった時間を勉強に当てるというのは心理的な負担が大きく、時間があったとしてもなかなか行動できないケースが多いからです。

そうではなく、毎日ほんの少しでもいいから勉強に心を向ける。10分でもいいから、勉強に触れる。そうすることで、だんだんと勉強に対する心理的なハードルが下がっていきます。

そのときに大事なのは、**「小さな一歩を愛する」**ということ。**小さい行動でもきちんと評価する心を持つということです。**小さい行動を評価できないからこそ、小さく行動を起こすことができない。そんなことでは意味がないと思ってしまう。

しかし、小さくとも行動したことと、全く行動しないこととでは、大きな差があります。人間の潜在意識というのは変化を怖《おそ》れるわけですから、新しい行動を起こすというのは、実は大変なことです。

行動が大きいか小さいかにかかわらず、変化するというのは大変なこと。普通に生きていれば、人は同じことを繰り返してしまいます。惰性で、安全だと思える領域に留まってしまいます。そんななか、小さいながらも行動を起こすことができたわけです。それは、評価に値すること。

小さいながらも変化することができたこと。それがすごいことなのだと認

識することができるようになります。そうすることで、小さな一歩を愛することができるようになります。

そして、小さな一歩を愛しているからこそ、小さな一歩を踏み出すことができるのです。

もし、小さな一歩に意味がないとか、もっと大きく動かなければならないという考えが頭にあれば、小さな一歩を踏み出すことができるところで、踏み出そうとしません。そんな小さなことは意味がないと感じて、何も行動を起こせないのです。

しかし、何度も言う通り、大事なのは毎日継続すること。小さな一歩でもいいから、踏み出していくこと。小さな一歩を踏み出せる場面で一歩を踏み出すために、小さな一歩を愛して欲しいと思います。そうすることで、勉強を継続することができるようになっていきます。

どうすれば楽しめるか？を考える

実は、心理的ハードルを取り除く作業も、超スモールステップ化も、全くいらない継続法があります。この方法さえ実行できれば、他に何もいらないというくらい、強烈な方法。

その方法というのはものすごく単純なのですが、「楽しむ」ことです。

楽しんで勉強をすること。それが、勉強を継続する最強の方法です。

楽しんでいるときというのは、勉強に対して心理的なハードルを全く感じず、主体的に「やりたい」と思って行動している。そのような状態なら、超スモールステップ化も不要です。むしろ、自然に、長時間勉強に取り組めるはず。

さらに、楽しんでいるときというのは、知識も頭に残りやすく、記憶力も高まります。そういったことを考えても、「楽しむ」こと以上に勉強を続ける有効な方法はありません。

楽しむということが素晴らしい点は、「主体的」であるということです。

多くの人は受け身の楽しさしか知りません。

自分を楽しませてくれるものが自分の外側に用意されていて、何も考えずにいても、「それ」が自分を楽しませてくれる。そんな風に考えてしまっているわけです。

これは「受動的」な楽しさです。最近は、レジャーも充実し、お金さえ払えば楽しさを提供してくれます。自分が何もしなくても、何も考えなくても、何も行動を起こさなくても、お手軽に楽しさを提供してもらえる。

しかし、そういった**受動的な楽しさに慣れ親しんでしまうことによって私たちは、「主体的に」楽しむということを忘れてしまいました。**

だから、ちょっとでも難しいことがあったり理解できないことがあったりすると、すぐに「楽しくない」と言って行動をやめてしまいます。「どうすれば楽しめるか?」ということを考えずに、「楽しくない」と言ってシャットアウトしてしまうのです。

根底にあるのは「楽しませてくれるべきだ」という受動的な考え方。自分を楽しませてくれるものが自分の外側にあって、楽しませてくれるものがなければ、楽しむことはできない、と思っているのです。

しかし、勉強というのは自分を楽しませてくれるものではありません。自分から主体的に楽しさを見つけていくもの。自分が主体的にならなければ、楽しさを感じることなどできません。

好奇心を持って、自分のほうから勉強に歩み寄っていく姿勢。その姿勢がなければ、勉強が楽しいものになることはありません。

だからこそ、**勉強するときは自分から主体的に「楽しもう」という意識を持つ。「どうすれば楽しめるか?」を考えながら勉強する。**

主体的に楽しもうとする意識。その意識を持てば、必ず勉強も楽しいものになります。勉強内容をより深く理解しようとしたり、ゲーム形式で問題を解いてみたり、勉強したことを社会で実際に役立てているところをイメージしてみたり。楽しむための方法というのはたくさんあります。

そして、この「主体的に楽しむ」という姿勢は、人生を通じて非常に重要な考え方です。幕末に活躍した高杉晋作は、「おもしろき　こともなき世をおもしろく」と言いましたが、まさにそれは「主体的に人生を楽しもう」という姿勢だと思うのです。

自分以外の何かが自分の人生を充実したものにしてくれるのではなく、人生を充実したものにするのは、自分自身なのです。

勉強とは本来、面白くてしかたのないものである

勉強は、嫌われものです。多くの人に嫌われています。「え、勉強!? 嫌々! やりたくないよ、すぐに眠たくなるし!」勉強という言葉を聞くだけで、こういう反応をされるのです。かなり可哀想な存在で、同情して涙がポロリと頬を流れそうです。

なぜ勉強は嫌われてしまったか。それは、勉強を教える側と、「テスト」というシステムに問題があると思っています。

まず、勉強を教わる場である学校の先生の授業が機械的でつまらない。超眠い。一刻も早く時計の針が進んで欲しくなる。なかには面白い授業をする先生もいますが、ほとんどの先生はそうではない。

しかも「テストの点数」という形で評価されてしまう。勉強する気なんて全然起きないのに、無理矢理知識を詰め込まないといけない。テストの点数が取れなければ叱られ、ダメな奴《やつ》だと思われる。自分はバカなんだと思い込むようになってしまう。

そうなると、もう勉強なんか嫌いになってしまって当然です。面白くないことをやらされて、点数が取れないと自分はダメな奴だと思い込まざるを得ないようになってしまっているわけですから。

しかし、考えていただきたいのは、**先生の授業がつまらないことやテストの結果で自分に自信を失ってしまうことと、勉強それ自体の面白さは全く関係ない**ということです。

「間違った伝達方法」で勉強というものを知ってしまったがゆえに、勉強は面白くないものだという認識を私たちは持ってしまいました。

しかし、それは伝達方法が悪かったのであって、勉強それ自体が面白くないということではありません。

少し思い出してみてください。学校の先生のなかでも一人くらいは面白い授業をする先生はいなかったでしょうか？　その先生の授業だったら楽しく受けることができて、テストの点数も悪くなかった、という経験は？

面白い伝達方法で勉強を伝えられたなら、好きになることができたはずです。つまり、勉強それ自体が面白くないのではなく、ただ伝達方法が悪かったから勉強が面白くないと思い込んでしまっているだけだったということ。

誰だって、勉強を好きになることができます。楽しむことができます。そのためにまず、勉強への先入観、勉強への誤解を晴らしたいのです。

勉強は面白くないという先入観を持つことで、人生において相当な損をしています。

本当は、勉強は面白い。楽しい。

勉強して新しい知識を身につけるというのは最高の娯楽です。正しい方法

で学べば、必ず勉強することが楽しくなってきます。
そして、楽しいからこそ、継続することができるのです。

「できる」「分かる」が好きを育てる

人間の脳は、理解できないものを拒否します。理解できないものは頭に入ってこず、面白いと感じることができません。勉強が嫌いな人は、100%勉強が「できない」「分からない」人です。できない、分からないからこそ、勉強が嫌いになってしまったのです。

私は塾講師として4年間働いたことがあるのですが、正直なところ、塾に入ってくる子はみんなやる気はあるのです。みんな、勉強ができるようになりたいと思っています。やる気がないように見えても、それは「あきらめて」いるだけです。自分にはできないんだ、と思い込んでしまっているだけ。

心の底ではみんな、勉強ができるようになりたい、と思っています。「できない」「分からない」が続くことによって自分にはできないと思い、やる気を失くしてしまっているのです。これ以上、自分はダメな奴だと思いたくない、理解できないことを無理矢理やらされるのは嫌だ、と思い勉強のことを嫌いになってしまっている。

「できない」「分からない」から、勉強が嫌いになってしまっただけです。勉強が苦手な人、成績が良くない人がダメなのではありません。ただ単純に、「できない」「分からない」ことを脳が拒否した結果です。ただそれだけのこと。

大事なのは、「できる」「分かる」という感覚を養うこと。それができれば、勉強を楽しいと感じることができて、勉強のことを好きになることができます。

できること、分かることを積み重ねていく

重要なのは、「分かることから始める」ということです。

とにかく、背伸びをすることなく、自分に理解できるところから勉強をスタートさせる。難しいことを頑張って乗り越えていくことよりも、まずは勉強を好きになることを考える。

何度も言う通り、人間は理解できないことを拒否します。分からないことを好きになることはできません。

だから、「分かることから始める」。

一番良くないのは、いきなり難解な専門書のようなものから勉強を始めてしまうこと。そういうものから始めても、結局は長続きしません。人間の意志の力というのはたかが知れているので、「楽しい」と感じるものでなけれ

ばなかなか続かないのです。

ただ、逆に分かり切ったものばかりでも退屈を感じてしまいます。ですので、60％～70％くらいは理解できるものから始めていきましょう。

既知と未知のバランスが、「7：3」くらいのものから始めると、楽しんで勉強することができます。

できること、分かることを積み重ねていくとやがて「難しいものにチャレンジしたい」と思うようになります。

そのときには、どんどんチャレンジすれば良い。「したい！」という気持ちを逃さない。「したい！」と思ったらどんどんチャレンジする。

できる、分かるを積み重ねていくと、そういう気持ちになるときが必ず来ます。

そしてそうやってチャレンジしていくことで、さらに勉強が楽しくなっていくのです。

もっともっと学びたい、レベルアップしたいと思うようになり、楽しんで勉強を継続させることができるようになります。

すぐに結果が出るという淡い幻想を捨てる

勉強を継続することができない人の大きな特徴の一つが、「すぐに結果を求める」という点です。

1週間勉強して結果が出なければ、それで失望してしまって勉強する気を失くしてしまう。とにかく手っ取り早く結果が出ることを期待しているがゆえに、結果が出ないと失望してしまうのです。

その失望が、勉強を継続するエネルギーを奪います。勉強したって意味がないとか、自分にはできないとか、ネガティブな感情が芽生えてしまう。

そうならないためにはどうすればいいかというと、最初から期待しなければばいいのです。

最初からすぐに結果が出るなんて思わない。淡い幻想を手放す。最初は結果を手にすることよりも、勉強を継続できていること自体に喜びを求めるのです。

継続していけば、じわりじわりと自分の力になっていきます。自分のなかで力が蓄積されていきます。

表面に現れるには時間がかかるかもしれませんが、確実に自分の力になっているのだと信じること。

そう信じることが継続するためのエネルギーになります。**目に見える結果が出なくても、目に見えない力が自分のなかに蓄積されていっているのだと信じること。**

それができるようになれば、継続することそれ自体を楽しむこともできるようになっていきます。

私の人生を変えたのは、「継続」することだった

ここで、私自身が「継続」することを実行することでどれだけ人生が変わったのか、という話をしたいと思います。

私は自分が京都大学に合格することができたその勉強法を、多くの人に伝えたいという思いを持っていました。ただ、当時、どうやって伝えればいいのか分からず、悩んでいました。

そのときに、ある友人が「ブログでも書いたらいいんじゃない。無料で始めることができるし」と言って、ブログを書くことを勧めてくれたのです。

当時、ネットの知識は皆無に等しく、「YouTube？　何それ？」というレベルでした。

ブログの存在は知っていたものの、どうやってブログを開設すればいいのか、その方法すら全く分からなかったのです。しかし、その友人に聞いてみると、すごく簡単にブログを開設することができるのだということが分かり、すぐにアメブロでブログを開設。

開設後から、自分が書きたいと思っていたことをただひたすら書き続けました。アメブロには「ランキング」というものがあって、PV（ページビュー）の数で他のブログと順位を競うことができました。「どうせ書くのであれば上位を狙いたい」と思い、そこから毎日毎日ブログを書きました。最初の頃は1日3記事書いていました。

パソコンの前にいられないときには、電車に乗りながら携帯電話をピコピコと打って記事の更新。次の日が忙しいということであれば、前の日の晩に次の日の記事を予約投稿しておく。

そういう風にして、途切れることなくブログを更新し続けることによって、だんだんと自分のブログを継続的に読んでくれる人が増えてきました。

最初は1日3人の訪問者だったのが、ブログを書き続け、ランキングも上位になってくるに従って、訪問者の数が10人、100人、1000人、2000人と、どんどん増えていったのです。

なかには「有料でもいいから直接の指導を受けたい」と言ってくれる人も現れました。

実は、それが私が独立して仕事を行うようになったスタート地点。

最初からビジネスにしようと思ってブログを始めたのではなく、自分が伝えたいことをブログを通じて世の中に発信していたら、気づけばそれが私の仕事になっていたのです。

そう、私の人生はブログを書き続けることで変わりました。

もし私が、3日ブログを書いただけでやめてしまっていたとしたら、今の私はいません。ブログを書き続け、自分の思いを発信し続けてきたことが、私の人生を変えたのです。

その習慣は、今でも続いています。

今でもほぼ毎日ブログを更新し、メルマガを書き、フェイスブックに投稿しています。

継続することこそが、人生を向上させる最高の方法なのだと信じて。

凡人が非凡になる唯一の方法は、「続けること」しかない

私はものすごく要領の悪い人間です。

勉強するときも、1日10時間以上勉強しているのに、1日3時間しか勉強していない人よりもテストの点数が悪い、ということばかり。

アルバイトをしても、あまりにも仕事の覚えが悪いので「もう明日

から来なくていい！」と言われたこともあります。

自分は頭が悪いと思い悩み、布団のなかで「グスン……」と涙を流したことも一度ではありません。

恋愛も上手くいかないことばかりで、自信を失ったことも何度もあります。

正直、最初から上手くいったことはほとんどなく、自分は凡人だ、ということをいつも痛感していました。

そんな自分が京都大学に合格し、微力ながら人の人生に影響を与えることができるようになったのは、まぎれもなく「継続」のおかげです。

凡人が非凡になる唯一の方法。

それは、「続ける」こと。

何か一つのことを継続することで、誰も追いつけないレベルに達する。それが、凡人が非凡な存在になる唯一の方法なのではないかと思っています。

とにかく、何らかの結果が欲しいなら「続ける」こと。

勉強は一朝一夕で身につくものではありません。時間はかかります。

しかし、時間をかけて自分のものにしたものは、必ず前に向かう自分の背中を後押ししてくれます。

そう信じて、自分が「これ！」と思った勉強を、継続させていってください。

その継続こそが、あなたが望む結果を引き連れてきてくれるでしょう。

おわりに

最後までお読みいただき、ありがとうございました。

この本のなかで様々なことを述べてきました。勉強で結果を出す技術、やる気、集中力、継続力。なかでも、最も重要なことは何かと聞かれたら、私はこう答えます。

「自分がやりたいことをやること」

これに尽きます。繰り返し述べてきましたが、どんな目標設定をするかということ段階で、ある程度達成できるかどうかというのは決まります。

まさに「机に向かう前」に結果は決まっているわけです。

なぜなら、自分が心からやりたいことでなければ、自分のなかからエネルギーが湧いてくることもなく、やる気も集中力も継続力も下がってしまうからです。

自分が心からやりたいと思うことだからこそ、全ての要素のレベルが上がっていく。だからこそ結果を出すことができます。

こういうと、「でも、自分がやりたくないことを目標にすることなんてあるの？」と思うかもしれません。しかし、それがあるのです。

これは私が指導するなかで実際にあったケースなのですが、例えば、親の価値観に従っているだけ、という場合。

自分がしたいことではなく、親が喜んでくれること、親が認めてくれることをする。自分の気持ちを抑えつけて、親の顔色を窺《うかが》って選択をする。

親から成績が良いときだけ褒められたりする「条件付きの愛」で育てられ

た場合、自分はあるがままで愛されると思えないので、親の意向を敏感に感じ取り、親が喜んでくれる選択をしたりするようになります。

親が望んでいる選択をしなければ親から愛されないという恐怖があるから、自分の思いを優先することができません。その結果、自分の本心を置き去りにして生きるようになります。

もしくは、世間の価値観に合わせる。「それが普通だから」という理由で、自分がそこまで良いとも思っていないものを「欲しい」と言ったりする。

自分の気持ちを偽って、他人の思惑を考え選択をする。それは、一つには仲間はずれになりたくないから。仲間はずれになるのが怖いから、好きなものを嫌いと言い、嫌いなものを好きと言う。

そうやっているうちに、人は自分の気持ちというものを忘れてしまい、いつも他人が頭に存在するようになります。他人からどう思われるか。他人がどう自分を評価するか。そんなところばかりを見るようになる。

結果、自分の「好き」が分からない。自分の感情が分からないから「やりたいこと」が分からない。

やりたいことが分からないということは、自分が心から達成したいと思える目標を持つことができないということです。

自分が心から達成したいと思える目標を持っていないのですから、当然、結果を出すことなどできません。やる気や集中力、継続力も低い状態になってしまい、勉強が上手《うま》くいかなくなります。

たとえその状態で何とか結果を出すことができたとしても、それでは幸せになることはできません。

目標を達成したのに満たされない。

そういった充実感のない成功のことを、失敗と呼ぶのではないでしょうか。

自分がやりたいと思うことを、素直に自分の気持ちに正直になって選択すること。

勉強で結果を出す上で、それが最も大事なことではないかと思います。

机に向かう前に、自分に質問してみてください。

「本当は、どうしたいんだ？」

「本当は、何がしたいんだ？」

勉強で結果を出すために、机に向かう前に、まずは自分自身の思いを確かめてみて欲しいと思います。


なお、本書の企画・編集にあたっては、サンマーク出版編集部の黒川可奈子さんに大変お世話になりました。この場を借りて、感謝の意を表したいと思います。

著者

単行本　二〇一三年サンマーク出版刊
肩書き・データ等は刊行当時のものです。

サンマーク文庫

勉強の結果は
「机に向かう前」に決まる

2022年7月 1 日　初版印刷
2022年7月 10 日　初版発行

著者　池田 潤
発行人　植木宣隆
発行所　株式会社サンマーク出版
東京都新宿区高田馬場 2-16-11
電話 03-5272-3166

フォーマットデザイン　重原 隆
本文DTP　山中 央
印刷・製本　共同印刷株式会社

落丁・乱丁本はお取り替えいたします。
定価はカバーに表示してあります。

ISBN978-4-7631-6133-8　C0130

ホームページ　https://www.sunmark.co.jp